名画で読み解く

ロマノフ家 12の物語

中野京子

光文社新書

目次

※本文に関連する人物のみを記す。省略あり。
※▭は皇帝（ツァーリ）、┆┆は摂政、（　）内は在位年を示す。
1～19は皇位継承順を示す。

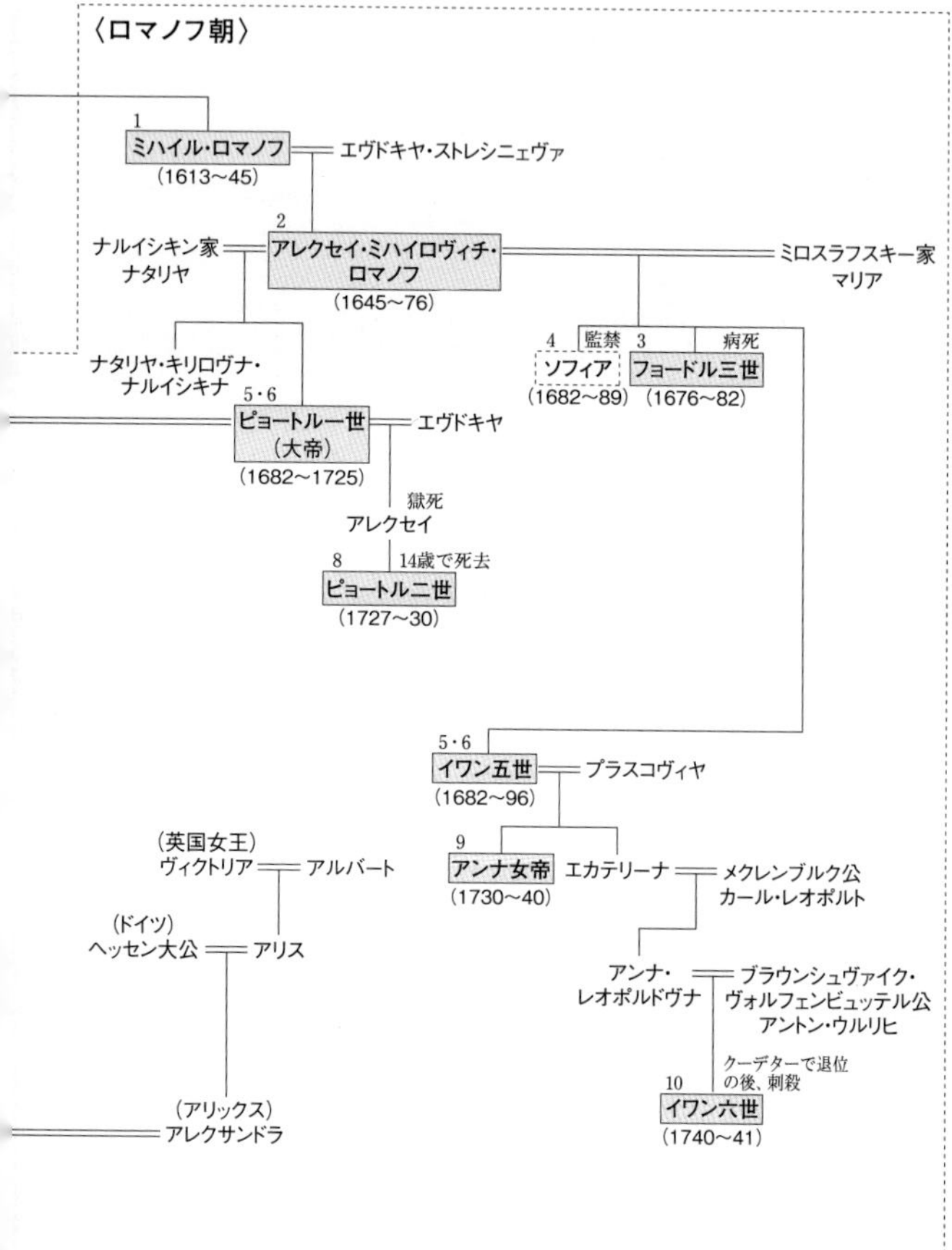

ロマノフ家系図(抄)

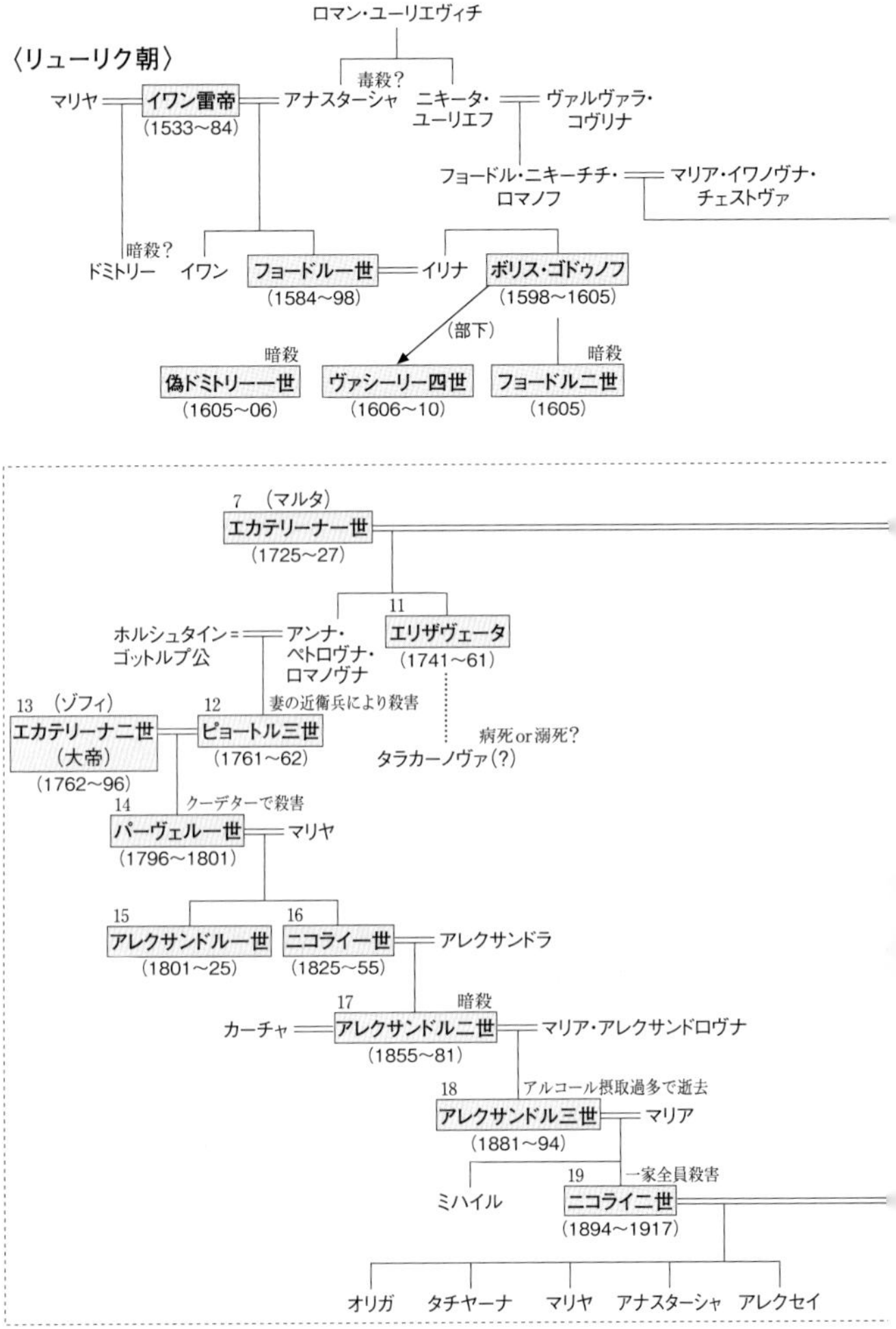
ロマン・ユーリエヴィチ
〈リューリク朝〉
毒殺？
マリヤ
イワン雷帝
(1533〜84)
アナスターシャ
ニキータ・
ユーリエフ
ヴァルヴァラ・
コヴリナ
フョードル・ニキーチチ・
ロマノフ
マリア・イワノヴナ・
チェストヴァ
暗殺？
ドミトリー
イワン
フョードル一世
(1584〜98)
イリナ
ボリス・ゴドゥノフ
(1598〜1605)
(部下)
暗殺
偽ドミトリー一世
(1605〜06)
ヴァシーリー四世
(1606〜10)
暗殺
フョードル二世
(1605)
7 (マルタ)
エカテリーナ一世
(1725〜27)
11
ホルシュタイン=
ゴットルプ公
アンナ・
ペトロヴナ・
ロマノヴナ
エリザヴェータ
(1741〜61)
13 (ゾフィ)
エカテリーナ二世
(大帝)
(1762〜96)
12
ピョートル三世
(1761〜62)
妻の近衛兵により殺害
病死or溺死？
タラカーノヴァ(?)
14
クーデターで殺害
パーヴェル一世
(1796〜1801)
マリヤ
15
アレクサンドル一世
(1801〜25)
16
ニコライ一世
(1825〜55)
アレクサンドラ
17
暗殺
カーチャ
アレクサンドル二世
(1855〜81)
マリア・アレクサンドロヴナ
アルコール摂取過多で逝去
18
アレクサンドル三世
(1881〜94)
マリア
19
一家全員殺害
ミハイル
ニコライ二世
(1894〜1917)
オリガ
タチヤーナ
マリヤ
アナスターシャ
アレクセイ

アラスカ
北極
カムチャツカ
ヤクーツク
レナ川
サハリン
エニセイ川
アムール川
バイカル湖
ネルチンスク
イルクーツク
満州
ウラジヴォストーク
ウランバートル
フフホト
北京

ロマノフ朝領土拡大図
1550年頃のモスクワ大公国
1600年頃までに獲得
1700年頃までに獲得
1914年までに獲得
ノルウェー
スウェーデン
ベルリン
サンクト・ペテルブルク
ウィーン
ワルシャワ
スモレンスク
ブダペスト
ヤロスラブリ
モスクワ
キエフ
カザン
ウラル山脈
オビ川
ブカレスト
トボリスク
ドン川
ヴォルガ川
コンスタンティノープル
黒海
アストラハン
カフカース山脈
カザフ
アラル海
カスピ海
トルキスタン
テヘラン
サマルカンド
カブール

前史

ロマノフ家紋章。
エルミタージュ美術館の門に輝く
金の「双頭の鷲」

ドイツとの関わり

ハプスブルク家の源流がオーストリアではなくスイスの一豪族だったように、ロマノフ家の始祖もまたロシア生まれではない。十四世紀初頭、プロイセンの地から――後世におけるドイツとの深い関わりを予感させる――ロシアへ移住したドイツ貴族コブイラ家が、息子の代でコーシュキン家と改姓し、さらにその五代目のロマン・ユーリエヴィチが、自らの名ロマンをもとにロマノフ家へと再変更した。リューリク朝イワン雷帝の時代である。

ロシア領土が、北は北極海、東は旧シベリア・ハン国、南はカスピ海までと飛躍的に拡大したのは、実にこのイワン雷帝の豪腕によるものだが、そうなる以前、まだ十代の若い彼は、シンデレラの王子よろしく国内各地から貴族の娘たちを城の舞踏会へ集め、その中から妃としてロマン・ユーリエヴィチの娘アナスターシャを選んだ。イワンはツァーリ（＝ロシア皇帝）として正式に戴冠した初めての君主なので、ロマノフ家のアナスターシャも必然的に史上初のツァリーツァ（＝ツァーリの妃）ということになる。

夫婦は稀《まれ》にみる相性の良さだった。賢明で美しいアナスターシャは、怜悧《れいり》で教養はあっても癇癪《かんしゃく》持ちのイワンを巧みに宥《なだ》め、結婚生活は穏やかで幸せのうちに三男三女が生まれた（成人したのは次男イワンと三男フョードルのみ）。十四年後、だがそれは突然の終わりを迎える。アナスターシャが急死したのだ。毒殺が疑われた。証拠はなくとも雷帝は、犯人が保守的な大貴族たちだと確信した。かつて実母もこうして殺されたからだ。

必ずしもイワンの妄想とは言えない。外国のプリンセスではなく自分の家臣の娘や姪《めい》を妃にする場合の、リスクがまさにこれだった。権力争いに鎬《しのぎ》を削る貴族らにしてみれば、血縁をツァーリの妃に据《す》えただけで一頭図抜けるという構図は、陰謀をめぐらすに足る十分な動機になる。たとえ今現在ツァーリが結婚していても、妃さえ死ねばレースを再開できる。手っ取り早い手段として、妃を亡き者にしようと考える野心家は常にいた。まして今回は、弱小貴族にすぎなかったロマノフ家がたちまち競争相手を引き離し、政権中枢へ喰い込んだのだ。有力貴族連にとって、苦々しいことこの上ない。

「暴君」イワン雷帝

愛妻を弔《とむら》った後、イワンは凄《すさ》まじい復讐にとりかかる。疑惑を向けられた重臣たちやその関係者は、ろくな取調べも裁判もないまま悉《ことごと》く血祭りにあげられた。イワンの箍《たが》が外れ、ここからが真の「雷帝」誕生であった。はるか後世のスターリン時代が雷帝の治世になぞらえられたのは、粛清《しゅくせい》という恐怖の支配する世界、夥《おびただ》しい数の亡命者、あらゆる理不尽と惨劇が、両時代に共通していたためだ。

ロマノフ家の権勢はいささか揺らぐ。アナスターシャの残した後継候補の息子たちがいるとはいえ、雷帝の再婚は止められない。もし新しい妃を気に入れば、彼女の産む息子が跡継ぎに指名されるだろう。全ては雷帝の気分次第であり、しかもその気分たるや、次第に異常なほど変わりやすくなっていた。持病の糖尿病悪化もその一因と言われる。彼は次々に新妃を迎え、全部で七人（八人説もあり）の妃を数えたが、何かの呪いのように男児は生まれなかった（最晩年に庶子としてひとりできたが）。

やがて誰の目にも、次のツァーリはアナスターシャの血を引くイワン（父と同じ名前）だと納得された。高い知性と教養は無論のこと、母方のロマノフ一族の手ほどきで現実的政治手腕も積極的に学ぶ美丈夫《びじょうふ》である。雷帝もこの息子に期待していたのだが、運命は怖ろしい悲劇を用意していた。

『イワン雷帝と息子イワン』という有名な歴史画（レーピン）がある。死にゆく我が子を抱きしめたツァーリが、取り返しのつかない己の愚行に愕然《がくぜん》とする様を描いた、衝撃の「怖い絵」だ。雷帝五十歳、イワン二十七歳に、何が起きたかといえば――。

周囲に諫《いさ》める者もいなくなり、手のつけられぬ暴君ぶりを発揮していた老ツァーリは、気

『イワン雷帝と息子イワン』イリヤ・レーピン画、1885 年

に入らないことがあると傍の者を長い王杖《おうじょう》で殴打するのが常だった。ある日、息子イワンの妻が、身重《みおも》のため略装で現われた。それに腹を立て、さっそく杖で打ち据えたせいで、彼女は流産。さすがの息子も我慢の限界を超え、周りの制止をふりきって父の居室へ直談判《じかだんぱん》に出かけた。親子は怒鳴りあい、雷帝はまたも杖を振り上げる。怒りの発作がおさまってみれば、愛妻の忘れ形見にして大事な跡取り息子が、目の前に虫の息で倒れているではないか……。

今度ばかりはさすがの雷帝自身、己が責任を痛感した。息子殺しの大罪というばかりでなく、せっかく安定させた自らの王朝の危機まで招いてしまったのだ。なぜならもうひとりの息子フョードルは甚《はなは》だしく知能が低く、とうてい君主の器ではなかった。雷帝は老いた身を奮《ふる》い立たせ、新たな男児を作るべく、翌年、重臣の娘マリヤを妃に迎えると同時に、イギリス王室との婚姻への道を探った。実はヨーロッパ名家のプリンセスを妃にするのが雷帝の積年の夢であり（それはロマノフ家の代になってようやく半分ほど叶《かな》う）、それができればマリヤとは離縁する気でいた。かつてプロポーズしたエリザベス一世はすでに老いていたから、彼女の姪《めい》をもらおうと画策しているうち、マリヤに男児ドミトリーが生まれ、まもなく雷帝自身が死病にとりつかれて、五十三歳であっけなく世を去った。

ドミトリー追放

この時点でリューリク朝の終焉《しゅうえん》は見えたも同然だった。フョードルがツァーリとして戴冠したが、心身脆弱《ぜいじゃく》な彼が跡継ぎを残せるわけもない。またマリヤの子ドミトリーは——ギリシャ正教が妻は四人までと定めていたので——庶子とされ、田舎へ追放された。ここから水面下で有力貴族たちの壮絶な権力争いが始まる。アナスターシャの実家ロマノフ家や、新ツァーリ、フョードル一世の妃の実家ゴドゥノフ家も参戦していた。正確には、アナスターシャの甥フョードル・ニキーチチ・ロマノフと、フョードル一世妃の兄ボリス・ゴドゥノフだ。後者が勝った。ムソルグスキーの傑作歴史オペラ『ボリス・ゴドゥノフ』で有名なボリスは、敗者を修道院へ追放した。フョードル・ニキーチチ・ロマノフは修道士フィラレートとなり、妻と息子ミハイルも別の修道院へ放り込まれた。ロマノフ一門は完全に叩き潰《つぶ》されたかに見えた。

ロシアの実質的支配者となったボリス・ゴドゥノフに、さらなる野望が芽生えたのは必然であろう。操《あやつ》り人形のフョードル一世はいずれ死ぬ。そのとき自分がツァーリの冠をかぶるためには、リューリクの血筋を完全に断ち切っておかねばなるまい。ウーグリチの町に母とひっそり暮らしていたドミトリーは始末された。ところが人々は少年の死に黙っていなかった。イワン雷帝は民衆の間でいまだ高い人気を保っており、たとえ庶子であれ彼の実子が何者かに殺された、いや、「何者か」ではなく、明らかに

『ドミトリー』ミハイル・ネステロフ画、1899年

ウーグリチの教会に
保存されている
有罪判決を受けた鐘

ボリス・ゴドゥノフに殺された、という点を声高に糾弾《きゅうだん》したのである。

こういう場合、権力を持つ犯罪者がよく使う手を、ボリスも用いた。ドミトリーの死は殺人ではなく、ナイフ遊びでの事故だったと大々的に発表、監督不行き届きで母マリヤや親族を修道院送りにして責任転嫁した。その上で、ドミトリーが殺されたと偽情報を鳴らし伝えたとして、ウーグリチ教会の鐘にも有罪を言い渡した。群衆の見守るなか、哀れな鐘は鐘楼《しょうろう》からどすんと落とされ、十二回も鞭《むち》打たれ、舌《ぜつ》を抜かれ、耳（吊《つ》り下げ用のでっぱり）を片方切断されて、シベリア送りになってしまう。現代人の感覚からはナンセンス極まりないが（とはいえ古物に精霊が宿ると考える日本人にとっては一脈通じる）、物にも魂があると信じ、とりわけ教会の鐘に深い愛着を持つロシア人にとって、鐘はそのまま記念碑にもなると同時に、人間と同じように処罰の対象にもなるのだった（ちなみにこの無実の鐘は、三百年後、ウーグリチ市民の懇望《こんもう》により地元へ戻された)。

　こうしてドミトリー問題を沈静化させたボリスは、計画どおりフョードル一世の死後ツァーリとなって、七年間ロシアを動かした。フョードル時代を含めれば二十年以上の天下取りであったが、しかし継承したイワン雷帝の農民政策はだんだんうまくゆかなくなり、ボリス晩年にあたる十七世紀の幕開きは、深刻な飢饉《ききん》とそこから派生した農民暴動の頻発《ひんぱつ》とともに始まった。おまけに死んだはずのドミトリーが実は生きていたとの触れ込みで現われ(第一偽《にせ》ドミトリー)、不満分子とともに蜂起《ほうき》するなどの政情不安の下、ゴドゥノフ王朝の地盤固めをできないままボリスは病死。その跡を息子がフョードル二世と称して継いだが、二ヶ月後にはもう暗殺されてしまう。

三年間の空位

　大動乱時代は続く。

　国中がカオス状態だ。地方の領主らの後押しと国民的人気を背景に、偽ドミトリーがツァーリになるが、早くも翌年には仲間に殺され、次いでボリスの部下がヴァシーリー四世として戴冠する。しかしこの新ツァーリによる四年弱の治世中、フョードル一世の隠し子だとい

『動乱時代』セルゲイ・イワノフ画、19世紀末。第二偽ドミトリー軍の野営

う偽ピョートルや、我こそは本当に本当のドミトリーだという者（第二偽ドミトリー）が現われて、いっこうに世は落ち着かない。とどめは混乱に乗じたポーランドの侵攻だ。ポーランド王がツァーリの地位を狙っていると知り、危機感を覚えた有力貴族たちはヴァシーリーを退位させたはいいが、誰も玉座が怖くて近づけず、三年もの期間、ツァーリの座は空位という危機的状況に陥《おちい》った。

一六一二年、ようやく解放軍がポーランド軍をモスクワから追い払い、翌年早々有力貴族たちはツァーリ選定の全国会議を招集した。候補者にはスウェーデン王子やポーランド王子、ロシア人ではモスクワ解放に尽力《じんりょく》した軍人や大貴族など複数いたのだが、それらを打ち破って新ツァーリとなったのがミハイル・ロマノフ、即《すなわ》ちイワン雷帝の最初の妃アナスターシャを大叔母に、そしてボリス・ゴドゥノフに失脚させられたフィラレートを父にもつ、十六歳であった。

この若さで強敵を抑えてツァーリになるとは、よくよくのカリスマ性の主に違いない、と思えばさにあらず、ミハイルが自分からその地位を望んだわけでは全くない。それどころか何度も申し出を固辞した。戦乱もまだ完全には収まっておらず、国土荒廃もきわまったこんな時期、ツァーリに祭り上げられるということは命を差し出すのと変わりがない。偽ドミトリーやヴァシーリー四世の二の舞になるのではと怯《おび》えたし、そもそも野心もなかった。この先三百年も続くロマノフ王朝の始祖が、ツァーリの椅子に魅力を感じない気弱な若者だったという事実は、何という歴史の皮肉であろう。

ミハイルを推す代議員ら（士族・商人・コサックが主）は、彼の臆病を承知していた。だからこそ選出したといえる。隣国の王子など論外だし、新興の軍人や保守派の老貴族も御免で、とにかく自分たちの勢力拡大に都合のよいツァーリが欲しいだけだ。幸いにして国民も代議員の多くもリューリクの高貴な血にこだわっている。実際にはミハイルに雷帝の血は一滴たりと入ってはいないが、もっとも愛されたツァリーツァであるアナスターシャの名は、リューリクと強く結びついており、ミハイルはツァーリたる正統性が高いと見做《みな》された。

ミハイル・ロマノフの戴冠

イパーチェフ修道院に母と隠棲《いんせい》していたミハイルは、使節団の訪問を受けてもなお拒絶した。やむなく彼らは、この決定は奇蹟のイコンによるものだから逆らうことは神に背《そむ》く行為だと、半ば脅《おど》すようにしてミハイルをモスクワへ連れ出す。一六一三年七月十一日、十七歳の誕生日前日に、ミハイルはしぶしぶ玉座についた。自分がなぜ選ばれたかは知っていたし、前途多難も感じながらの戴冠だった。

ハプスブルク家の始祖ルドルフ一世が、五十五歳で神聖ローマ皇帝に選ばれた状況とよく似ている（『ハプスブルク家 12の物語』参照）。陰の実力者たちから、どうせ無能な人間だし傀儡《かいらい》にするには都合がいい、何かあったら使い捨てだ、と軽んじられつつ、ルドルフもミハイルも、どっこい相当の粘りと地力《じりき》を発揮して、運命に与えられたチャンスを決して手放さなかった。

すでに老年だったルドルフに比べ、ミハイルは若いだけにいっそう非力で、しかしそれでも懸命に貴族や会議派と合議《ごうぎ》しながら政治を学んでいった。彼には臆病ゆえの賢明さが備わり、ツァーリの権限を無理に拡大して周囲と対立するような愚は冒《おか》さなかった。またラッキーだったのは、六年後の一六一九年、それまで長くポーランドに抑留されていた父フィラレート（フョードル・ニキーチチ・ロマノフ）が帰国したこと。ボリス・ゴドゥノフと争ったほどの政治家フィラレートは、モスクワ総司教として、この後、息子を力強くサポートする（初期は完全な院政を敷いたとされる）。初代ロマノフはロシア正教との祭政一致で、ツァーリズムの維持強化を図《はか》ったのだ。

ミハイルの治世は三十二年にわたり、農奴《のうど》制や身分制が承認されて中央集権が強化された。

『ミハイル・ロマノフ』
画家、制作年不明

望んで得たツァーリの地位ではなかったし、その一生はひたすら国家再建に捧げられて苦労も多かったが、暗殺や国家転覆や外国支配に対する不安は杞憂《きゆう》に終わった。国民はロマノフ王朝を完全に受け入れ、ミハイルの死後、その長男アレクセイが即位することに誰も異議を唱えなかった。

第1章

ワシーリー・スリコフ『フョードシヤ・モロゾワ』

（一八八七年、キャンバスに油彩、トレチャコフ美術館、三〇四×五八七・五㎝）

ユロージヴィ

厚い根雪《ねゆき》の上を、粗末な馬橇《ばそり》が人込みを縫ってゆっくり進んでゆく。荷台には家畜用の藁《わら》が敷きつめられ、中年女性がひとり座っている。毛皮付きの豪奢《ごうしゃ》な黒い衣服は橇にも藁にも不つりあいで、高貴な身と推測される。だが手首から長く垂れさがるのは、宝飾ではなく鉄《てつ》鎖《さ》。両足首にも輪が嵌《は》められている。

罪人なのだ。それでも彼女は意気軒昂《けんこう》らしい。蒼《あお》ざめ、痩《や》せこけた頬に目をらんらんと光らせ、腕を高く上げて何か叫んでいる。

見送る人々の表情はさまざまだ。画面右の女性たちの多くは打ち沈み、ある者は深々と目礼し、ある者は胸に手をあて、また涙をぬぐう。祈りながら橇に付き従う者もいる。一方、画面左の聖職者たちの態度は正反対で、あからさまに護送者を嘲笑《あざわら》っている。

靄《もや》にかすんだ背景に、ロシア正教会の特徴ある玉葱《たまねぎ》坊主型クーポルも見える。異端がテーマと想像がつこう。となると宗教上のこの罪人が、人差し指と中指を立てる仕草に大きな意味が

前ページ右下の男　部分図

あるはずだ。画面右下の乞食然とした裸足《はだし》の男もまた、呼応するように、あるいは彼女を励ますように、指を二本立てている。そんなことをして逮捕されないのだろうか？

されない。

なぜならこの男は単なる浮浪者ではなく、ユロージヴィ（＝聖愚者）だからだ。苦行用の重い首輪をぶら下げているのが証《あかし》である。ユロージヴィとは、いっさいの財産を放棄し、痴愚《ちぐ》として狂人として生きることを選んだ苦行者で——当時はその数が激増していた——、社会の埒外《らちがい》に置かれているため、言動がいかに常軌《じょうき》を逸していても許されるし、稀に列聖される者までいた。したがって画中のユロージヴィも、他の人々がしたくてもできないことを、つまり護送される罪人に味方し、官憲への異議申し立てを、こうして堂々と行なえたのだ。

一六七二年十一月に起きた、フョードシヤ・モロゾワ公爵夫人逮捕劇のひとこまである。ロシアでもっとも著名な画家のひとり、スリコフが、二世紀の時を経て事件を歴史画の大作の中に甦《よみが》らせた。スリコフの立場は明らかで、公爵夫人への同情の眼差《まなざ》しにあふれている。

なぜ彼女は捕えられたのか？

『アレクセイ・ミハイロヴィチ・ロマノフ』画家不詳、1670-1680年代

総主教ニコン

時はミハイルの息子、二代目アレクセイ・ミハイロヴィチ・ロマノフの代。ツァーリの権力は以前より拡大し、支持母体である士族を官僚や軍人に取り立てて、着々と絶対主義への道を進んでいたが、あまりに広大なロシアは束ねられるのを拒み、絶えず問題を噴出させていた。教会との関係も、先代のように総主教とツァーリが父子という二人三脚は終了して、新たな段階に入っていた。そんなころ、宗教界のトップに野心家のニコンが就《つ》く。

ロシア正教（十一世紀にローマ・カトリックと分裂してできたギリシャ正教の流れを汲《く》む）の各教会は、未《いま》だ土着の信仰や因習と強く結びつき、地域によって聖書解釈も儀式もばらばらで、国家宗教としての統一性を欠いていた。そこで新任の総主教ニコンは、教会の足並みをそろえ、ひいては国家の西欧化を目指して、謂《い》わば上からの宗教改革を断行した。

ただし改革とはいってもルターのプロテスタント運動とは全く違う。後世の、それも異教徒から見れば拍子抜けするような、単なる儀式の変更にすぎない。たとえば、二度のハレルヤ斉唱を三度にする、祈禱《きとう》の間ずっと起立していたのを座ってよいことにする、神への礼はわざわざ跪《ひざまず》く必要はなく、腰を曲げるだけ……と、ここまで書けば、スリコフの絵の二本指のわけも明らかであろう。大昔から延々古儀式を守ってきた人々にとっては、十字を切るやり方は指二本こそが絶対的に正統であるのに、ニコンは指三本で行なえと強制する。受け入れられるものか！

『総主教ニコン』画家不詳、1660-1665 年

ニコンは改革を急ぎ、成果を焦った。反対する者を分離派と呼び、アレクセイ・ミハイロヴィチの後押しを得て弾圧を開始した。はじめは税を倍にする程度の罰則だったが、そのうち異端として教会から追放、投獄などエスカレートしてゆき、各地の首謀者を火炙《ひあぶ》りにするまでになる。分離派には下層農民を中心とした素朴な田舎の人々が多かったから、教会が悪魔に乗っ取られ

2本指で十字を切るキリストのイコン（エジプトの聖カタリナ修道院、6世紀）

たと信じ込み、千人単位の集団焼身自殺まで起こる騒ぎとなった。

アレクセイ・ミハイロヴィチはニコンを解任する。しかしそれは混乱の責任を取らせるためではない。十数年にわたる権力行使で増長したニコンが、教会は太陽だがツァーリはそれを照り返す月にすぎないなどと暴言を吐き、政治にまで介入するようになったからだ。

ここにおいてアレクセイは、ヨーロッパ諸国がとうに解決していた、対教会問題に決着をつけた。ツァーリこそが太陽で、教会はあくまでその下にあることを知らしめたのだ。この後ロマノフ朝の歴代ツァーリは、ロシア正教会を国教として保護しつつ、完全な統制下に置いて監視するようになる。

もちろん改革を止める気はない。宗教による国民の一体化は何としても必要だ。ニコンは失脚しても弾圧は続き、分離派の修道院に逃げ込んだ人々は政府軍に包囲され皆殺しになったし、処刑者の数も増える一方だった。辺境へ逃れた人も多く、その一部ははるかシベリア

『異端司祭の処刑』グリゴリー・ミャソイェド画、1897年

や満州にまで達したという。そして処罰は上級貴族へも及ぶ。

スリコフ描くヒロイン、フョードシヤ・モロゾワ公爵夫人は、かねてより分離派の守護者として知られていたが、その階級の高さと政界にいる親族への配慮から、逮捕はあり得ないと思われていた。しかし改革を中途半端に終わらせたくないアレクセイは、ついに夫人にも死刑判決を下す。残酷な餓死刑であった。画中の彼女の顔が、まるで運命を先取りしたかのごとく痩せ衰えているのは、それを示唆《しさ》したものだろう。

彼女の殉教《じゅんきょう》をロシアの隅々にまで語り伝えたのは、先にあげた聖愚のユロージヴィや巡礼者たちであった。本作にもユロージヴィのすぐ後ろに、沈痛な面持ちで帽子を取って敬意を表す巡礼者の姿が描き込まれている。

ステンカ・ラージンの反乱

モロゾワ公爵夫人事件前年、一六七一年には、コサックの反乱を主導したステンカ（＝スチェパン）・ラージンの公開処刑もあった。モスクワの赤の広場、あの美しい聖ワシーリィ大聖堂が見下ろす広場で、生きたまま四肢切断、次いで斬首という凄惨《せいさん》さだった。政府側の憎悪の激しさも道理、危うくツァーリズムはラージンによって転覆されかけたのだ。

『ステンカ・ラージンの処刑』
ヤン・ルイケン画、1698 年

コサックの語源は（異説もあるが）トルコ語カザール、つまり「自由の人」。十四世紀以降、下層農民や逃亡奴隷などがロシア南東部に定住したのが始まりで、ドン川やテレク川など各河川の国境近くにいくつもの自治区を形成した（それで「ドン・コサック」などの名称がついた）。はじめ農耕・牧畜・漁業などで生計をたてていたが、ツァーリや諸侯などの支配から自由でいつづけるため武装化し、自分たちで選挙した頭目《とうもく》のもと、次第に騎馬戦士集団の特色を鮮明にする（後

『ドニプロ川のコサック見張り』ヨーゼフ・フォン・ブラント画、1878 年

世の日露戦争において、勇猛なコサック兵の戦いぶりはよく知られている。また、あの激しいコサック・ダンスは武術を源とし、彼らの身体能力の高さを誇示する）。

十六世紀のイワン雷帝は、こうしたコサックをうまく懐柔《かいじゅう》した。主たるコサック集団に、武器・食料・貨幣などを定期的に与える代わりに、国境警備を委《ゆだ》ねたのだ。このあたりから各コサック集団間においても明白な貧富の差が生じ、ロマノフ朝開幕のころには、川の下流域の富裕層と上流に住む貧困層の対立は激しさを増していた。特に前者が逃亡農奴《のうど》を政府へ突き出すようになると、後者への貧民流入は激増して大きな社会不安のもとになる。

農奴制を法制化し、農民の移動の自由を奪って土地に緊縛《きんばく》したのはアレクセイ・ミハイロヴィチだ。農奴

『ステンカ・ラージン』ボリス・クストーディエフ画、1918年

は人頭《じんとう》税・結婚税・死亡税を課せられるばかりか、どこへ逃れる術《すべ》もなくなった。先述したように、この半狂半聖の存在ユロージヴィが増えたのは、この制度と無関係ではない。何としても今の状況から逃れようとした場合、膂力《りょりょく》に自信ある者はコサックとなり、そうでない者はユロージヴィへの道しかない。あるいは自死。まだ貧民はアルコール中毒にはなれなかった。貧しすぎて、地酒もウォッカも中毒になるほど大量には飲めないからだ。

そんな中、ステンカ・ラージンが登場する。コサック・ラージンは不満層を一手に引き受けた。コサックや農奴や都市下層民ばかりでなく、被差別民族や逃亡兵、反貴族派などをも吸収し、革命を公然と掲げてモスクワへと進軍。行く先々の町で合流者・支援者が増え、民衆蜂起としては当時最大の規模となり、戦闘も丸三年にわたって続けられた。人々はラージンが階級のない国、平等なコサックの国を作ってくれると期待した。だが政府軍も必死だ。ついにシンビルスク要塞《ようさい》でラージンは大敗を喫《きっ》する。

ちなみにヴォルガ川に面したこのシンビルスクは、ソ連時代にはウリヤノフスク市と呼ばれるようになった。なぜ変えられたかといえば、ラージン大敗のちょうど二百年後、この地にウラジーミル・イリイチ・ウリヤノフ、即ちレーニンが生まれたからで、彼の本名にちなんでのウリヤノフスクである。

水面下の戦い

ステンカ・ラージンは、未来のレーニン生誕地で負けはしたが（武器の差だったという）生き延び、巻き返しのためいったん地元へもどった。ところがそこで同じコサックの、だが富裕層コサックに捕えられ、政府軍へ売られてしまう。結果は拷問、そして処刑だった。

反ツァーリズム、反農奴制への叫びはかき消された。この先も、ロシアの社会構造を特徴づける厳しい農奴制が、絶対主義維持の経済的手段として強化され続ける。同時に、貧困層の蜂起もまた幾度も幾度もくり返される中、ステンカ・ラージンの名は自由を求める民衆の心に深く刻まれ、伝説的英雄として民謡に歌われ、民話に語りつがれた（日本人もある年齢以上の人は、「久遠《くおん》にとどろくヴォルガの流れ……」という『ステンカ・ラージン』の歌を記憶していよう）。

一六七〇年代は、アレクセイ・ミハイロヴィチ晩年にあたる。正教会改革も大規模反乱も力ずくで抑え、対ポーランド及び対トルコ戦争も凌《しの》いで領土拡張したアレクセイだが、次なる悩みは後継者問題だった。

十代でツァーリとなった彼は最初の妻との間に五男八女ももうけたが、多産多死の時代、残った男児は三男フョードルと五男イヴァンのふたりのみで、しかもフョードルはとうてい長生きできそうもない病弱、イヴァンは知能に難があって後継候補から外されていた。聡明な四女ソフィアが女児なのが残念でならない。

妻が亡くなると、四十一歳のアレクセイ・ミハイロヴィチは——余命あと五年とも知らず——二十歳以上も若い第二の妃を娶《めと》る。彼女は立て続けに三人の子を産み、末子は夭折《ようせつ》したが、頑健で大柄な長男ピョートルと娘ナタリヤはすくすく育った。

いつに変わらぬ勢力争いが始まっていた。先妃の実家ミロスラフスキー家 vs. 現妃の実家ナルイシキン家だ。両家は激しく競《せ》り合い、足の引っ張り合いを続けた。ミロスラフスキー家が密《ひそ》かに流した噂は、すでに老化の兆《きざ》しが見られたツァーリに子種はないはずだから、ピョートルは別の男との間にできた子に違いない、というもの。宮廷でまことしやかに囁《ささや》かれたため、後年ピョートルは悩んでいたと言う者もいる。あるいはその噂を面白がり、自分から臣下に笑い話として語ったとも言われている。

いずれにせよ、アレクセイ・ミハイロヴィチは、後継者指名を曖昧《あいまい》にしたまま病死した。そのため姉ソフィアと弟ピョートルの、壮絶な戦いの火蓋《ひぶた》が切られることになる。

第2章
シャルル・フォン・ステュイベン『ピョートル大帝の少年時代の逸話』
（一八二七年、キャンバスに油彩、ヴァランシエンヌ美術館、四〇九×一四六九㎝）

わが子を必死で守る母

暴動のさなか、死の瀬戸際に立たされた女性と少年。左奥に護衛官の死体、後景には槍や剣を交えて戦う男たち、目の前に迫る乱入者……ふたりは助かるのか？

女性の衣服は高貴な身分を示している。白地に黒点の、最高級アーミン（オコジョの冬毛）でできたガウン、冠と飾帯は輝く黄金色。彼女はナタリヤ・ナルイシキナ。先代ツァーリ、故アレクセイ・ミハイロヴィチの後妻だ。我が子ピョートルを必死で庇《かば》い（だがこの十歳の少年は恐怖に敢然《かんぜん》と立ち向かっている）、暴徒を睨みつけながら、壁に掛けられたイコン（聖画像）の聖母子を指さす。乱暴狼藉《ろうぜき》を続けるなら神罰が下《くだ》るぞ、とその眼は叱責している。

はたしてイコン付近からは不思議な風が巻き起こり、金糸を縫い込めた青いカーテンや、ナタリヤの白い上着ばかりでなく、暴徒の黒い顎鬚《あごひげ》までも戦《そよ》がせはじめる。男は聖母子を見上げ、明らかに怯《ひる》んだ様子で立ちすくむ。仲間はすでに兜《かぶと》も脱げ、切っ先鋭い湾曲ナイフを握ったまま階段にひれ伏している。この奇蹟に恐れをなしたのだ。

——一六八二年、銃兵隊による反乱でピョートル母子は九死に一生を得た。それはまさに奇蹟のおかげだと、視覚化してみせたのが本作。事件から二世紀を経たロマン派の画家による作品なので、少年の長い金髪や顔立ちはどこかフランス好みだ（実際のピョートルは黒髪だった）。

異国趣味のロマン派は、題材に他国の歴史を多く選んだ。この絵を描いたフォン・ステュイベンは、名前からわかるようにドイツ貴族（フォンは貴族の称号）だが、生まれはロシアで、十四歳までペテルブルクで暮らした。その後パリのアトリエで学び、フランスに帰化してレジオン・ドヌール勲章も授与されている。ピョートル大帝に心酔していたようで、『ラトガ湖畔のピョートル大帝』『エカテリーナに戴冠するピョートル大帝』なども発表している。

マキャベリ的な姉

少年ピョートルが、なぜ命を狙われたかというと――

父帝アレクセイ逝去後、まずは順当に前妃との間の息子（ピョートルの腹違いの兄）がフョードル三世として即位した。だが心配されたとおり、世継ぎを残さぬまま六年後、二十一歳で病死。たちまちふたりの妃の実家は綱引きを再開し、今度はナルイシキン家が優勢を得、十歳のピョートル一世が誕生した。少年は玉座にちょこんと腰かけ、イワン雷帝から代々引き継いだ「モノマフの帽子」を小さな頭にかぶった。黄金の丸冠にルビー、サファイア、真珠などをちりばめ、いかにもロシアらしくクロテンの毛皮で縁取りした、豪華絢爛《けんらん》たる王冠である。

つまりピョートルは小さなツァーリとなり、なってまもなく暗殺未遂事件に遭遇したわけだ。もちろん裏で糸を引いていたのは、フョードル三世の姉ソフィアだった。フランスの外交官から「恐ろしく肥《ふと》って不恰好《ぶかっこう》だが頭は鋭く、敏腕」「マキャベリを読んだはずがないのに、マキャベリ的な政治力」と評された二十四歳の彼女は、男に生まれなかった不運も何のその、弟たちにツァーリの任は務まるまいと見定めたときから摂政の地位に焦点をしぼり、着々と味方を集め陰謀を巡らせてきた。彼女にしてみれば、晩年の父帝が再婚して腹違いの弟をもうけたことは、野望達成への妨げ以外の何ものでもない。そしてその野望は、女性が政治の表舞台に登場するなど考えも及ばぬ時代にあっては、実に途轍《とてつ》もないスケールだった。

ピョートル一世が誕生した時、ソフィアの敗北は決定的かと思われた。だが相手の油断を突き、彼女は反撃を開始する。自分の近衛兵的役割だった銃兵隊を焚《た》きつけて曰《いわ》く、弟フョードル三世は病死ではなく、ピョートル側の実家に暗殺されたのだ、もうひとりの弟イワンにも危機が迫っている、そもそもピョートルは不義の子だからロマノフの血など入っていいない！　確かにマキャベリ的だ。

暴徒は武器をかまえ、集団でクレムリンへなだれ込む。新ツァーリの目の前で、忠実な臣下や叔父（母の弟）は惨殺された。後世、「双子座生まれの二重人格者」とあだ名されるピョートルの複雑な性格は、この時の強烈なトラウマによると言われる。

1689年に発行されたコイン。一方にピョートルとイワン5世、もう一方に皇女ソフィアが描かれる

二人の少年ツァーリ

思えば太陽王ルイ十四世も同じ年齢で（ピョートルから遡《さかのぼ》ること約三十年前）、フロンドの乱から辛《から》くも逃れた経緯がある。絶対君主として西洋史に燦然《さんぜん》と輝く二人の傑物が、多感な少年時代に殺されかけ、その記憶によって首都を嫌い、片やパリからヴェルサイユへ、片やモスクワからペテルブルクへ遷都を敢行したという事実はなかなか興味深い。

さて、皇女ソフィアはこうして逆転勝利をおさめた。改めて政界再編を行ない、フョードル三世の弟を（父帝に「馬鹿のイワン」と呼ばれ、後継候補から外されていた）イワン五世として戴冠させる。ピョートルは名目上の共同統治者へ格下げし、支持者らもろとも田舎へ追放した。

歪《いびつ》な体制である。無力な少年ツァーリがふたりもいて、実質的君主は未婚の女性摂政。不安定感が拭《ぬぐ》えないが、あいにくまだロシアに女帝を容認する下地はなく、さしもの烈女《れつじょ》も生まれるのが早すぎたとしかいいようがない。それでもソフィアは権力を磐石《ばんじゃく》にするため、自らの肖像入り貨幣を発行した。ツァーリにしか認められない資格にもかかわらず、表立っての反対はなかった。首都を整備したり、清国やポーランドと平和条約を結ぶなど、一定の成果を上げたからで、もしピョートルという天敵がいなければ、間違いなくソフィアの治世はもっと長く続いただろう。

しかし七年という歳月が流れるうち、ピョートルは身の丈二メートルの逞《たくま》しい青年となり、上級貴族の娘と結婚もして、反ソフィア勢力を吸引していた。最初のうちは、仲間と「戦争ごっこ」に余念のない能無しと見做《みな》されていたが、どうやら――信長が「うつけ者」を装っていたのにも似て――実際には遊びに名を借り、私的軍隊を組織しているらしい。危機感を覚えたソフィアは、今度こそ目障《めざわ》りなこの弟を抹殺《まっさつ》せねばと、再び銃兵隊を差し向けた。

姉弟戦争の終結

惨敗だった。逆にピョートル側に捕えられ、ノヴォジェーヴィチ女子修道院（現在ここは世界遺産となっている）へ押し込められる。どんなにか悔《く》やんだことだろう、少年時代に殺しておけばよかった、と。修道院の狭い一室で、だが陰謀に長《た》けたソフィアがまだ諦《あきら》めていなかったことは、九年後の一六九八年に明らかになる。

ノヴォジェーヴィチ女子修道院

ピョートルはソフィアを完全に無力化したと安心していた。このころにはもう母も共同統治者イワン五世も亡くなり、単独統治は成功裡《り》に進んでいた。ロシア初の海軍を作り、黒海への出口も確保した。さらなる領土拡張を目指すため、ヨーロッパの先進技術を学ばねばと、総勢三百人近い大使節団を組み、一六九七年春にロシアを発《た》った。長期にわたるツァーリ不在を疑問視する声もあったが、信頼する臣下に後をまかせての、いわば「グランドツアー」だ。オランダ、イギリス、ドイツ、オース

『皇女ソフィア』イリヤ・レーピン画、1879年

トリア、そして一年半後、ヴェネチアへ向かっていた一行に、モスクワで銃兵隊蜂起の報が入る。予定をくり上げ、急ぎ戻ってみると、反乱は一応平定され、百人ほどが処刑されていた。

だがピョートルの怒りはそれでは収まらなかった。ソフィアが裏にいるに違いないと、さらに千人近くを逮捕し、拷問に次ぐ拷問で責め立てたが、証拠は上がらない。見せしめのため、ノヴォジェーヴィチ女子修道院前の広場で彼らの多くを処刑、首謀者と思われる三人の首吊り死体は、わざわざソフィアの部屋の窓にぶら下げた。このエピソードを、レーピンが凄まじい迫力で描ききった作品が『皇女ソフィア』だ（本作に関しては『怖い絵　死と乙女篇』に詳述）。今度こそ完敗を自覚したソフィアの、無念と憤《ふん》怒《ぬ》が画面から迸《ほとばし》る。

ソフィアは皇女の位を剥奪《はくだつ》され、剃髪《ていはつ》のうえ修道院のさらに奥へ監禁され、常時百人の見張りがつけられた。短い年数ながら女の身で国家最高位に君臨し、ピョートルと互角に戦った雌虎は、六年後、失意のうちに病死、ようやくにして姉弟戦争は終結する（彼女という存在があったからこそ、この先ロシアが女帝を容認する下地ができたといえる）。

それにしても、二度も自分の命を狙ったソフィアを、なぜピョートルは殺さなかったのだろう？　証拠を捏造《ねつぞう》して死刑にすることもできたはずなのに、そうはしなかった。半分とはいえ、血を分けた姉だったから？　いや、それは考えられない。なぜならこの先ピョートルは、自分のひとり息子を殺すのだ。なんとも不可思議な行動原理である。

ロシアのイメージ・アップ

少し時間を巻きもどそう。

ピョートルのヨーロッパ視察は、あらゆる意味で大成功だった。先進国にとってのロシアは極寒地の三流国にすぎず、宗教的にもいささか異なっているし、得体の知れない田舎者の集まり、といったイメージだった。ところが現われた彼らは——野蛮で垢抜《あかぬ》けないのは確かだが——土産物にクロテンの毛皮六百枚をぽんと差し出すほどの大金持ちで、また使節団を率いるピョートル自身がワイルドな魅力にあふれていたものだから、各地で大旋風を巻き起こす。

ピョートルは変装していた。別人をツァーリに仕立て、自分は一兵卒ミハイロフと称して行列に紛《まぎ》れたのだが、何しろ二メートルを超す大男だし顔の特徴も知られていたため、ばればれの変装である。本人もそれは承知の上だ。危険を避けるため影武者を立てたわけではない。では何のために身をやつしているのかと、迎える側は困惑しきりなのに、変人ピョート

『ピョートル一世』ゴドフリー・ネラー画、1698年

ルは意に介さない。それどころかオランダの造船所では連日、船の建造に得意の槌《つち》をふるった。宮廷文化華やかなりし時代の、威厳が何よりのはずの絶対君主が、戸外で平民に混じって大工仕事だ。前代未聞だから見物人が川の両岸に鈴なりになるし、ニュースは各国へ驚きをもって伝わった。後にこの出来事をドイツの作曲家ロルツィングが、『皇帝と船大工』の

タイトルでオペラ化している。

各地でピョートルは「先進文化」に触れてまわった。子どものような好奇心丸出しで死体解剖に立会い、各種工場、病院、造幣局、大学、天文台、議会、博物館を視察し、武器や手術用具や書物、そして絵画（とりわけレンブラント!!）を買い漁《あさ》った。またエンジニア、医者、学者、画家といった専門家を高給で雇い、ロシアへ招いた。収集癖から夥《おびただ》しい珍品の類も集めたし、奴隷市場で買った巨人症や小人症、超肥満体、身体障害のある人間なども連れ帰った（死後、骨格標本にして陳列した例もある）。

ピョートル、ハサミを振り回す

このころピョートルは、自分ではそれと知らぬうちにロシア文学にも貢献している。エチオピアの黒人奴隷アブラームを手に入れ、その美しさと利発さを見込んで軍に入れ、後にフランス留学までさせた。やがてロシアへもどったアブラームは将軍にまで出世し、ロシア女性と結婚して子をなす。その子がまた子をなし……曽孫《ひまご》として生まれたのが、「ロシア文学の父」プーシキンなのだ。

残念なことに、同じくピョートルに謁見《えっけん》しながらアブラームほどの魅力がなかったのか、運命を切り開くに至らなかった日本人がいる。漂流民デンベイがその人で、彼に対してはピョートルは生活保障とシベリアにおける日本語学校の教師の職を与えたのみで、アブラームのように自らが代父となって洗礼させたり宮廷に招じ入れることはなかった。デンベイの生涯はほとんど知られていない。エカテリーナ大帝に謁見した大黒屋光太夫《だいこくやこうだゆう》のおよそ一世紀前のことだ。

ピョートル一世のヒゲ切り（諷刺画）

「先進的ヨーロッパ」をごっそり持ち帰ったピョートルは、今さらのように祖国の泥臭さにうんざりした。先進国では豪華な鬘《かつら》をかぶり、ヒゲはきれいに剃るか、せいぜい口ヒゲが当代の流行だというのに、ロシアときたら、昔ながらのぞろりとした動きにくい上着に長い顎《あご》ヒゲをむさくるしく生やしている。これでは西欧化はおろか、富国強兵もままならぬ。そこでピョートルは貴族に対し、「ヒゲ税」を導入した。剃らないなら年間六十ルーブルを払え、というもの。

皆、税金のほうを選んだ。ヒゲは死んで天国へ行くのに必要、と信じられていたからだ。気の短いピョートルは自らハサミを振り回し、身近の臣下たちの顎ヒゲを切りまくった。日本の丁髷《ちょんまげ》や中国の辮髪《べんぱつ》の場合によく似ている。いったんは抵抗しても、切られてしまえばめんどうはないし、慣れれば満更でもないということで、宮廷はみるみるうちに西洋風になってゆく。宮廷がそうだと地方の上流階級も右へ倣《なら》えしたので、このヒゲ切りパフォーマンスの効果はてきめんだった。

ただしピョートルが振り回したのはハサミだけではない。イギリスから持ち帰った抜歯用の鉗子《かんし》を気に入り、歯科医に習ったからと、傍にいる誰彼の口を開けさせて虫歯と見るなり抜きまくったというから、本人の西欧化はまだまだといえよう。

そして十八世紀の幕が開く。

スペインではハプスブルク最後の王カルロス二世が血族結婚くり返しの果てに世継ぎを残さず死んだため、フランス対オーストリア真っ向対決の「スペイン継承戦争」が勃発《ぼっぱつ》したし、ロシアは強国スウェーデンとの「北方戦争」に突入する。前者はフランスが勝ってブルボン朝の優位が確定、後者は二十年もの戦いにピョートルが勝利した。

ここにおいてロシアは、ついに三流国から二流国へ浮上、国際的地位を高めたのである。

第3章

ニコライ・ゲー『ピョートルと息子』

(一八七一年、油彩、トレチャコフ美術館、一三五・七×一七三㎝)

凡庸な息子

雲突くばかりの大男で力自慢、圧倒的カリスマ性と抜け目ない政治力の主ピョートル大帝は、他者に容赦せぬ残酷さをも併《あわ》せ持ち、自らの手で拷問、処刑も平気だった。女性に対しても例外ではない。腹違いの姉だろうと身内だろうと、幽閉して命を削りとる。十代で政略結婚した最初の妻エヴドキヤも、気に喰わぬと離縁しただけではすまず、修道院へ閉じ込めっぱなしだった。

このエヴドキヤとの間にできた長男アレクセイが、ピョートルの目からは期待外れも甚《はなは》だしい、ひ弱な後継者だった。母親似で信仰にこりかたまり、保守派に担《かつ》がれ、いっしょになって近代化に反対している。これでは「玉座の変革者」の跡など継げようはずがない。「根性を入れ換えないと皇位継承権を剥奪《はくだつ》するぞ」と脅せば、「死んだ父が見たい」と周囲へ洩《も》らすありさまだ。どうしてくれようと思っているうち、よくよく追いつめられたか、アレクセイは一七一六年、戦地へ行くと偽《いつわ》って父からロシアから遁走《とんそう》した!

皇太子の亡命など珍事もきわまり、国際社会に向ける顔がない。激怒したピョートルは追っ手をかけ、翌年、ナポリで潜伏中のアレクセイを捕えて（この任で手柄を立てたのが、文豪トルストイのご先祖さま）ロシアへ連れもどし、尋問《じんもん》した。

現在のペトロパヴロフスク要塞

――フランス人の血を引くロシア移動派の画家ニコライ・ゲーが、この歴史エピソードを絵画化している。

夜よりなお黒い髪と、氷よりなお冷たい眼を持つピョートルに睨《ねめ》付けられ、アレクセイは今にも消え入りそうだ。ここは遷都まもなくのペテルブルク、ピョートルの政務室。弁解できるならやってみろとばかり、裏切りの証拠の手紙（反改革的言葉がならんでいた）をテーブルへひろげる四十五歳の父帝を前に、二十七歳の皇太子は悄然《しょうぜん》と下を向く。自らの運命をすでに悟っているようで、口を開く余力すらない。破格の父を持った凡庸な息子の哀れが伝わってくる。

この後アレクセイは軍法会議にかけられ、拷問の末、国家反逆罪で死刑判決を受ける。父帝の恩赦はなかった。次のツァーリになるはずだった若者は、ペトロパヴロフスク要塞へ収容され、まもなく謎の死を遂げる。

さまざまな噂が駆けめぐった。自殺した、拷問中に死んだ、いや、ピョートル本人が斧《おの》をふるって殺した、あるいは毒殺した、ｅｔｃ．。

百五十年ほど昔、スペイン・ハプスブルク家のフェリペ二世が、不出来な息子を我が手で殺したと言われた。陰鬱《いんうつ》なスペイン宮殿の奥では何が行なわれているか知れたものではない、との周辺国の疑いの眼差しがそんな囁《ささや》きを生んだのだ。同じく、野蛮な新興国ロシアの危険なツァーリなら、跡取り息子を殺害したとして何の不思議があろう。すでにイワン雷帝という先例もあるのだから……。

いずれにせよ雷帝同様、ピョートルもここにおいて、男系後継の芽を自ら摘《つ》んでしまったことになる。

絶対君主と新都

時をもどそう。

ピョートルは子ども時代の苦い記憶や、保守勢力と強く結びついたモスクワを憎み、新たな首都建設を模索していた。ふさわしい都は海に向かって開き、「ヨーロッパへの窓」でなければならない。彼が最終候補地としてあげたのは、ネヴァ川河口の三角州、バルト海への

『建設中のサンクト・ペテルブルクを視察するピョートル大帝』
ヴァレンティン・セローフ画、1907年

出口に位置する湿地帯だった。「ネヴァ」とはフィンランド語で「泥」の意。言葉どおり、じめじめして健康に悪く、濃霧がたちこめ、人間を拒む、恐ろしいほどの虚無と極寒の土地だ。川が氾濫《はんらん》すれば水浸しになる侘《わび》しい集落と、荒涼たる原野、狼《おおかみ》のうろつく森があるばかり。

誰ひとり賛成しなかった。幼なじみの側近たちさえ異を唱えた。だがピョートルは燃えた。モスクワから遠く、モスクワの地理的条件とは正反対であればあるほど、新都にふさわしく思えた。神が混沌からこの世を造ったように、自分もまた灰色の無から都を造るのだ。因習《いんしゅう》に囚《とら》われない、ヨーロッパ風の自由な都を。

そうすれば古いロシアは根底から覆《くつがえ》るだろう。

現代日本のサラリーマンが家を建てることを目標にするのと同じで、貴族は華やかな城を造りたがり、絶対君主は都を生みたがる。

ピョートルは、低湿地の干拓《かんたく》が必ずしも無謀な計画でないことを知っていた。大使節団を組んでの視察旅行の際、人工の町アムステルダムを実際に見ていたからだ。資金と労働力は必要だが、ロシアには農奴がいる。もとより人の命など、ピョートルにとっては羽より軽い。五万人の農奴が動員され、湿地は埋め立てられ、運河が縦横《じゆうおう》にはりめぐらされた。興味深いことに、真っ先に建設されたのは、対スウェーデン用の木造の貧弱な要塞だった。これが後の巨大なペトロパヴロフスク要塞に発展し、息子アレクセイを収監する場所になる。イギリスのロンドン塔と同じく、政治犯用監獄として恐れられ、エカテリーナ二世時代の公女タラカーノヴァ、さらにはドストエフスキーやレーニンも入ることになる。

ヨーロッパの町並みそっくりの新都は、十年の歳月をかけ、無数の死傷者や火事などのハプニングを経てついに完成した。なおも人々は強制移住に二の足を踏んだが、ツァーリの命令にいつまでも逆《さか》らえるわけもない。人と物資が増えるにつれ、町はたちまち活気を帯び、どこか借り物風だった西洋建築群も大地に馴染《なじ》みだし、この美しい水の都は「北のヴェネチア」の異名《いみょう》をとるようになる。正式名はサンクト・ペテルブルク。ロマノフ王朝の首都としての機能は、共産主義国家ソ連になるまで続く。

名称に関してだが、「サンクト」は「聖」、「ペテル」は「使徒ペテロ」、「ブルク」はドイツ語の「城市《じょうし》」。「聖ペテロの町」という意味だ。ちなみにペテロは英語でピーター、ロシア語でピョートル。聖ペテロはピョートルの守護聖人の名なので、実質的には「ピョートル大帝の町」というに等しい。だが第一次世界大戦時、ブルクというドイツ語が問題視され（ドイツと交戦したため）、ロシア語「グラード」に改められ、「ペトログラード」と改められた。次いでレーニンが権力を握ると、「レニングラード」（レーニンの町）と変わり、ソ連崩壊後はまた「サンクト・ペテルブルク」へもどって現在に至る（通称ペテルブルク）。まるでロシアの政治転変《てんぺん》の象徴のような、名称変更の歴史である。

「ピョートル大帝の夏の宮殿」
（サンクト・ペテルブルク）

ピョートルの愛人

ペテルブルク定住後のピョートルは、前にも増して改革を急いだ。身分より能力重視の官吏《かんり》登用、都市商人の優遇、製鉄業などの振興による富国強兵、徴兵と秘密警察の制度化、いっそうの中央集権化……農奴制を経済基盤としたロシア絶対主義はここに完成する。

ピョートル個人は、だがルイ太陽王のごとき華やかさとはいつまでも無縁だった。巨大カツラや赤いヒールの靴、金ピカの衣装などで人を威圧する気はなかった。ヨーロッパの洗練に憧れながら、相変わらずの暴飲暴食、乱痴気騒《らんちきさわ》ぎ、気まぐれ、膂力《りょりょく》の誇示、豪快な（言い換えれば粗野な）振る舞いがピョートルらしさだ。それはロシア自体がトップに求めた資質でもあった（あんがい今もそうかもしれない）。

またピョートルは、大男だというのに狭い小さな部屋で過ごすのを好んだ。少年のころ銃兵隊から逃れて小部屋に隠れたためと言われ、彼の二重人格性がそこから説明されたりする。真相はわからないが、しかしピョートルが矛盾に満ちた存在だったのは確かだ。まず絶対君主でありながら、王朝を繋《つな》ぐ大国のやり方を取り入れなかった（ブルボン家もハプスブルク家も血筋にこだわり、あくまで由緒《ゆいしょ》正しき家柄の正妃との間の子が後継者でなければならず、愛妾《あいしょう》の産んだ子は貴族に取り立てられることはあっても跡継ぎにはなり得ない。そもそも貴賤《きせん》結婚自体が許されない）。

ピョートルは大貴族出身の正妃を一方的に離縁し、それまでの愛人を二度目の妃に据えた。ヨーロッパ王家なら絶対にあり得ない、素性《すじよう》の怪しい相手で、名はマルタ。リヴォニア（バルト海沿岸の地。人種は混交している）の貧しい小作人の家に生まれ、両親がペストで亡くなったためドイツ人牧師のもとで女中をした後、スウェーデン兵と結婚。まもなく彼が戦死したので、ロシア軍につき従って野営地をまわる。おそらく娼婦をしていたのだろう。やがてピョートルの寵臣《ちようしん》メンシコフの目にとまり、その愛人となる。肖像画からは想像しにくいが、マルタは強烈な肉感的魅力にあふれていたらしい。今度はそのメンシコフ宅を訪れたピョートルが夢中になり、自分のものとした。

ポーランド語なまりのロシア語を話すプロテスタントのマルタに、ピョートルは例の「モノマフの帽子」をかぶせて戴冠式をとりおこない、エカテリーナの名を与え、改宗させた上で正妃にした。これだけでも大出世なのに、彼女は後にロシア初の女帝にまで上りつめるのだ。運命の大盤振舞《おおばんぶるまい》と言わずして何と言おう。

マルタはピョートルの子を十二人も産む。六男六女のうち、だが成人したのはふたりの娘アンナとエリザヴェータだけだった。彼女らはマルタがまだ正式な妃となる前に生まれていたから、後年、庶子と後ろ指をさされ、ややこしい立場にもなる。

それにしてもピョートルの考えはわかりにくい。思い出されるのはナポレオンだが、この「コルシカの成りあがり者」は子持ちの人妻ジョゼフィーヌに恋して妻としたものの、皇帝の座を得ると彼女を離縁し、ハプスブルクのプリンセスと再婚した。高貴な血をひく跡取り息子によって、自らの王朝を存続させるのを夢みたからだ。独裁者の心理として理解しやすい。ところがピョートルには、若い妃を娶《めと》って新たに息子を作ろうとした気配はない。その代わり帝位継承法を作成し、自分の一存で次のツァーリを決定できるようにはしていた。してはいたが、書類に後継者の名は書かれないままだったから、誰を指名しようとしていたかは不明だ。

もう一つ不可解なのは、早すぎる死を招いた行動だ。それは一七二四年、悪天の十一月に起きた。五十二歳のピョートルは、側近らと馬を駆ってペテルブルク郊外へ視察に行く途中、増水した川の中州で船が座礁《ざしょう》し、甲板《かんぱん》で数人の兵士が助けを求めているのに出くわす。ツァーリは危険をも顧《かえり》みず、凍《い》てつく川へ飛び込んで、救助活動の陣頭指揮を執《と》った。何も本人が長時間、腰まで水に浸かる必要などなかったのに——これまでずっと人命軽視を貫《つらぬ》いてきた罪滅ぼしでもあるかのように——、末端の貧しい兵士らの命を救うため奮闘したのだ。結末は皮肉である。その夜からピョートルは高熱を発し、持病の尿道結石《けっせき》も悪化、あれよあれよという間に二ヶ月後の翌年一月、世を去った。まだ十分若々しく逞《たくま》しかったから、本人も周りもまさかこれほど早く逝《い》くとは想像もせず、後継者指名のない終わりであった。一代の風雲児の死は、隕石《いんせき》落下による巨大な穴にも似た空虚感を人々に与えた。

『ピョートル1世とその家族』グレゴリー・ムシキースキー画、1716～17年（左から、ピョートル大帝、エカテリーナ、アレクセイ、エリザヴェータ、ピョートル、アンナ）

『エカテリーナ一世』
ジャン＝マルク・ナティエ画、1717年

エカテリーナ一世の誕生

ピョートル大帝の死で、保守派の大貴族や教会勢力がゾンビのごとく甦《よみがえ》るに違いない――メンシコフは危機感を覚えた。

　ピョートルとは子ども時代からの仲間、メンシコフは、馬丁《ばてい》の息子から公爵に取り立てられた人物だ。やはり大柄で戦闘能力に優れ、政治に対する鋭いセンスも兼ね備えた、ピョートルの信頼篤《あつ》い側近中の側近だった。彼は改革続行を願った。もちろんせっかく手に入れた自分の既得権も失いたくない。

　行動は素早かった。メンシコフはかつて自分の愛人であり、今や大帝の未亡人となったマルタを玉座へつけるべく画策し、功を奏した。反対派が動く前に議会を説得したのだ。本来の跡継ぎ誕生（それはおそらくピョートルの孫であろう）までの短い繋《つな》ぎには、もっともピヨートルが愛した妃こそふさわしい、と。

女性が国の顔となることへの抵抗感は、すでに皇女ソフィア（ピョートルの腹違いの姉）が薄めてくれていた。大帝急死のどさくさの中、こうしてロシア史上初の女性ツァーリ、エカテリーナ一世は誕生したのである。メンシコフらの助けがあったとはいえ、新帝は人が思うほど愚かではなかった。絶え間ない飲み食いで肥りすぎ、見境なく愛人を作り、宝飾でごてごて身を飾って顰蹙《ひんしゅく》を買いはしたが、それでもピョートルが計画中だったいくつかの案を実行に移すだけの賢明さは備えていた。科学アカデミーの開設、ベーリング探検への資金援助、迫害されていた古儀式派や分離派（第1章参照）の境遇改善などは、彼女の代で為《な》された善政だ。

『死の床のピョートル大帝』
イヴァン・ニキーチン画、1725年

さらに長女アンナとホルシュタイン＝ゴットルプ公（ドイツ及びスウェーデン王家につながる家系）との結婚式

も実現させた。これは生前ピョートルが、ヨーロッパとの関係強化を目指して結んだ政略的婚約である。新夫婦はドイツに居住するが、生まれた男児が後のピョートル三世だ。次女エリザヴェータの方も同じホルシュタイン＝ゴットルプ家のカールと婚約していたが、彼が病死したため独身のままロシアにとどまった（後に女帝となる）。

マルタことエカテリーナ一世の生涯は、本人にとっては夢のようなものであったろう。もし親が若死にしなければ、もしロシア兵たちといっしょに戦地から戦地をめぐっていなければ、チャンスもまためぐってはこなかった。陽気な娼婦時代、いったい誰に想像できたろうか、ロシアの君主になる運命が待っているなどと。だがそんな御伽噺《おとぎばなし》が現実に起こったのだ。今や彼女は玉座にあり、飲みたいだけ酒を飲む。倒れるまで飲む。足が浮腫《むく》むまで飲む。そして治世わずか二年、四十三歳で病死した。

さあ、ではいったい次は誰がツァーリに？

第4章
カルル・ヴァン・ロー『エリザヴェータ女帝』

（一七六〇年、油彩、ペテルゴフ宮殿美術館、一四六×一一三・五cm）

フランス風女帝

フランス・ロココの画家カルル・ヴァン・ロー描く五十歳のエリザヴェータ女帝は、年齢よりずっと若々しく見える上、どこにもロシアらしさ（つまりは田舎っぽさ）が感じられず、ヴェルサイユの貴婦人といっても通るだろう。さすがルイ十五世の首席宮廷画家だけあると、モデルも御満悦《ごまんえつ》の出来に違いない。ヴァン・ローがルイ十五世の正妃マリー・レクザンスカや寵姫《ちょうき》ポンパドゥールの肖像も手がけていたことも、感慨深かったはずだ（理由は後述）。

ぽっちゃりと色白で、父親（ピョートル大帝）譲《ゆず》りの長身と気取りの無さ、母親（エカテリーナ一世）譲りの陽気さと愛嬌《あいきょう》にも恵まれたエリザヴェータの――かなり美化されているとはいえ――女性らしい魅力が伝わってくる。フランス最新ファッションに夢中のエリザヴェータは、袖にフリルをたっぷりほどこした艶《つや》めくサテンのドレスを着て、鮮やかなブルーのサッシュ（勲章付き）を斜めに掛ける。宝石は、髪飾りとイヤリングと腕輪のみに、品よく限定。白テンの毛皮を裏打ちした赤いガウンを肩にはおり、左腿の上でその刺繍《ししゅう》模様を誇示する。ロシア帝国紋章、「双頭の鷲」だ（神聖ローマ帝国、ハプスブルク家、ギリシャ正教会、ドイツ各領邦などにも用いられている）。鷲は王冠をかぶり、片足で王笏《おうしゃく》を、もう片足で球体の宝珠《ほうじゅ》を掴《つか》む。ちなみにその宝珠は、エリザヴェータが右腕を置く真紅のクッションの背後に飾られている。

堂々たる、この君主姿。しかし王冠を手に入れるまでは、ちょっとやそっとの回り道ではなかった。本来なら皇位継承第一位のはずなのに、次々と他の人間が玉座に就《つ》くのを指をくわえて見ているしかなかった。

二流国の皇女

一七二七年、母帝エカテリーナ一世が病死した時、エリザヴェータは十八歳だった。なぜこの年齢まで未婚でいたかといえば、二流国の皇女ゆえの屈辱的経験がまずあった。

愛らしさと優雅な立ち居ふるまい、流暢《りゅうちょう》なフランス語をあやつるエリザヴェータを、両親はいずれヨーロッパ大国の妃にと考えていた。これに関しては、エリザヴェータ十六歳の時、ロシア駐在フランス大使も調子よく請《う》け合い、一つ年下のルイ十五世の妃候補に推挙してくれた。器量自慢のエリザヴェータは、ヴェルサイユ・デビューして人々の喝采《かっさい》を浴びる己が姿を想像し、陶然《とうぜん》としたであろう。フランスは当時もっとも華やかな超大国だし、ヴェルサイユ宮は各国君主たちの憧れの城であり、おまけにそこに君臨する若き王ルイは、飛びぬけた美貌で聞こえていた。夢のようだ。

秘密裡《り》の打診は三ヶ月続く。ところがフランスからはうんともすんとも返事がない。完全無視のあげく、突如報じられたのは十五世の結婚相手の名だった。なんと王より七歳も年上の、地味で冴えないマリー・レクザンスカだという。亡命中の元ポーランド王の娘で、年齢的にすぐ世継ぎを産めるとの現実的理由（期待どおり次々十人も産む）、及び国際間のかけひきによるものだった。

フランスはロシアよりポーランドを選んだのであって、エリザヴェータ個人に非はない。にもかかわらず、思春期の乙女はいたく傷つき、母帝がルイに立腹すればするほど、自分たちが高望みしすぎたと感じざるを得なかった。フランス大使も恐縮し、シャロレ伯爵ではどうかと代案を出す。名門の大領主だし、これならいいだろうと母娘とも満足していると、公から「婚約したので」とすげなく断られてしまう。合わせる顔をなくした大使はロシアを去った。

蝶よ花よと育てられたエリザヴェータは、二度にわたるこの侮辱から厳しい現実を知る。フランスから見て、なおまだロシアは田舎の成り上がり国にすぎないのだ。あれほど父帝ピョートルが奮闘しても、なおまだロシアはヨーロッパ先進国の仲間と認められていない。おまけに自分はそんな国の庶子である（両親が正式結婚する前に出生したため）。歴史の長い大国から軽んじられても仕方がないし、フランス王妃の座など夢みたこと自体が間違いだった。エリザヴェータは唇を噛《か》み、二年後、別の勧《すす》めを受け入れる。姉アンナの夫ホルシュタイン＝ゴットルプ公の従弟《いとこ》がそれで、これまでのロシア皇女たちの嫁ぎ先と同じ、ドイツ小公国の主だ。十八歳でめでたく婚約は整ったが、なんたることか、まだ見ぬ婚約者はその年のうちに天然痘で急死する。それも母エカテリーナ一世逝去《せいきょ》直後だった。母帝は父帝同様、後継者指名をせぬまま死んだので、エリザヴェータは現在そして未来の後ろ盾を失う。

『ルイ十五世』イアサント・リゴー画、1730年

ロシアも混沌に投げ入れられた。権力欲に取り憑《つ》かれた者どもがいっせいに、しかも露骨に動き出す。ホ

『ピョートル二世』画家不詳、18世紀

ルシュタイン＝ゴットルプ公もそのひとりで、彼は妻アンナを女帝にしようとロシアに居座って運動したが、大貴族ら保守派に敗れて虚《むな》しくドイツへ帰国するしかなかった。アンナもエリザヴェータも庶子という立場がネックとされたが、実際には、彼女たちによって西欧化が進むのを怖れた復古主義者たちによる妨害だった。

　こうしてピョートル大帝の孫が、ピョートル二世として戴冠する。孫とはいっても、大帝に嫌われた正妃エヴドキヤが産んだあのアレクセイ――亡命して連れもどされ、ペトロパヴロフスク要塞で命を落とした期待外れの息子――と、ドイツの公女との間にできた一人息子だ。まだ十二歳の少年だからいくらでも操《あやつ》れる、好きな狩りを思う存分させて、政治からは遠ざけるに限ると、保守派はようやく我が世の春を取りもどした気分で、まもなく首都を再びモスクワに移すことまでやってのけた。

　側近メンシコフは何をしていたのだろう？　エカテリーナ一世を担ぎ上げ、改革を継承するはずのメンシコフは、このような反動政治になぜ異議を唱えなかったのか？

　今回メンシコフは大貴族たちに同調した。彼はエカテリーナ一世がもっと長生きし、跡継ぎはアンナかエリザヴェータの産む男児、即ちピョートル大帝とエカテリーナ一世の孫がなるものと思っていた。なのに事態が思わぬ方向へ進むうち、老獪《ろうかい》な政治家の胸に大いなる野望が芽生えたのだ。彼にはマリヤという娘がいた。少年ツァーリの相手にぴったりだ。君主の友人より君主の舅《しゅうと》のほうが、はるかに権勢を揮《ふる》える。さっそくピョートル二世とマリヤは婚約させられた。

『シベリアに追放されたメンシコフと娘たち』
ヴァシーリー・スリコフ画、1888年

　メンシコフの失敗は、やり過ぎたことではない。ふたりを正式に結婚させる前に、病気で寝込んでしまったことが敗因だ。ほんの数日ベッドに臥《ふ》せている間に、政敵ドルゴルーコフの策謀で転落が用意される。邸に踏み込まれ、全財産没収、家族もろとも（気の毒なマリヤも）シベリア送り、恥辱と貧窮のうちに極寒の地で生涯を終えた。

今度はドルゴルーコフが同じことをする番だ。ちょうどいい年頃の娘はいなかったので、姪をピョートル二世と婚約させる。前の轍《てつ》は踏むまいと結婚式を急がせたが、式の前日、十四歳になったばかりのツァーリは天然痘であれよあれよという間に死去。たちまちドルゴルーコフは別の政敵に捕えられ、メンシコフ同様、何もかも奪われ、おまけに拷問までされたあげく処刑。

ロシアでは、国の最高権力者がある日突然失脚、というパターンはすでにもう延々続いてきたし、これからも延々続いてゆくだろう。ソ連時代のジョーク集には、夜明けにドアを乱暴に叩く音で死ぬほど怯《おび》え、逮捕者が自分ではなく隣人と知るや「人生最高の幸せを感じた」、などというブラックジョークがたくさんある。今たとえどんな地位にあろうと安心できない、いつ引きずりおろされるかわからない。いや、すでにもう権力は手の中にないのに、気づいていないだけかもしれない。しかも政争に敗れた者の運命は、ヨーロッパ先進国の場合とは比べものにならぬほど残酷だ。罷免《ひめん》や財産没収、国外追放などで終わることはなく、それらに加えて苛烈《かれつ》な拷問、シベリア送り、四肢切断などの公開処刑、妻子や一族も巻き込まれる。メンシコフ一家などは、シベリアへ護送される途中で民衆から石をぶつけられ、彼の妻は心労のあまり流刑地到着前にもう死んでしまったほど。

これでは誰も彼も疑心暗鬼《ぎしんあんき》に囚われ、寝首を掻《か》かれぬ先に敵を陥《おとしい》れねばと、絶えず陰謀をめぐらすことになる。男も女も。君主も臣下も。

アンナの野卑な宮廷

少年ツァーリが三年足らずで独身のまま逝去した時、ピョートル大帝支持派はエリザヴェータに決起《けっき》を促したが、賢明にも彼女はおとなしくしている方を選んだ。今はまだモスクワ大貴族の勢力が強すぎる。失敗したら皇女ソフィアのように一生修道院に幽閉される。

メンシコフやドルゴルーコフを始末した古株たちが、次に帝位につけたのはアンナだった。エリザヴェータの姉アンナではない。そのアンナはすでに亡くなっていた。夫の帰郷に伴ってロシアを去り、ドイツで男児を出産後まもなくのことだ。

では保守派の選んだアンナとは？

当時の人々にとってすら、「アンナ、ｗｈｏ？」だったのだから、現代の我々は複雑な家系図と首っぴきにならねばわからない（毎回言うことだが、西洋人の名前の少なさにはほとほと呆《あき》れ、そして疲れる)。

思い出してほしいが、ロマノフ二代目のアレクセイ・ミハイロヴィチ帝は妃をふたり持ったため、先妻の娘(皇女ソフィア)と後妻の息子(ピョートル大帝)が命をかけて主権を争った。先妻には他に息子がふたり(ソフィアの弟)いて、どちらも短期間ながら帝位に就いている。フョードル三世は病弱で子を生《な》せず死んだが、ピョートル大帝と共同統治者になった「馬鹿のイワン」ことイワン五世には娘がいた。それがアンナだ。アンナは若くしてクールラント公国(バルト海沿岸部)の辺境伯と結婚したものの、今や三十七歳のでっぷりした未亡人。ロシアとはほとんど縁も切れ、子もなく貧しい暮らしをしていた。女帝になる条件として、後継者指名権の放棄などを約束し、辺境からモスクワへやってきて戴冠する。

無能なお飾りを置くだけ置いて、あとは自分らで国を自由に動かそうとしていた少数の名門貴族たちの目は節穴《ふしあな》だった。イワンの娘ながら、アンナは馬鹿ではなかった。帝位についてしばらくすると、彼女は約束を全て反故《ほご》にしたばかりか、目障りな貴族連をシベリア送りにしたり修道院へ幽閉し、ロシア人は信用ならぬと多くのドイツ人を重用した。首都も再びモスクワからペテルブルクへもどした。

アンナの治世は「暗黒の十年」と言われるが、確かにポストを奪われたロシア人臣下にと

『アンナの野卑な宮廷』ヴァレリー・ヤコビ画、1872 年

っては文字通りだったろう。だが有能なドイツ人の下で、合理的な将校育成機関が設立され、鉄鋼生産は倍になり、ラドガ湖には運河が建設され、イギリスとは通商条約が締結《ていけつ》された。どれもロシア人だけでは成し得なかった業績である。

ただしアンナ自身は政治家ではなかった。箍《たが》をはめられるのが嫌だから保守派を裏切ったにすぎず、いったん周囲を味方で固めたあとは「良きにはからえ」スタイルで、国政からすぐ遠ざかった。殊《こと》に治世後半になると、まさに飲む打つ買うで遊びまくり、一種狂騒的ともいえる性格が顕《あらわ》になってゆく。それはあたかも長きにわたる窮乏《きゅうぼう》の人生を一気に埋め合わせようとするかのごとくであり、また父親の血に引かれて正常な世界から逸脱《いつだつ》しはじめたかのようでもあった。それとも単に、王冠の重さによるストレスだったのだろうか。

『アンナの野卑《やひ》な宮廷』という後世の歴史画がある。彼女がどんな日常を送っていたかを、当時の証言をもとに描いたものだ。もはや椅子に座るのも億劫《おっくう》でベッドへ横になったまま酒を浴び、道化師や小人症の芸人や旅芝居の俳優たちに下品かつグロテスクな寸劇をさせて喜んでいる。女帝の行くところ常に痙攣《けいれん》的な哄笑《こうしょう》が付随しており、さすがに寵臣らも眉をひそめたが、怒らせては怖いから口をつぐむ。女帝の勘気《かんき》に触れた老廷臣など、ネヴァ川のそばに三万ルーブルもかけて造った氷の宮殿に一晩閉じ込められてしまった。彼は奇跡的に生き延びたが、宮殿は翌年には溶け、アンナも命の終わりが見えてきた。

でたらめな暮らしぶりが祟《たた》ったのだろう、病気がちのアンナはもう先は長くないと覚悟し、跡継ぎについて考えはじめる。彼女が誰より嫌ったのはエリザヴェータだった。独身のまま三十歳を過ぎていたこのピョートル大帝の娘は、いよいよ美と愛嬌に磨きがかかり、民衆と軍隊の間でとりわけ人気があった。ドイツ人がのさばる宮廷に反感を抱く人間たちも、どうやら皆彼女の味方らしい。何とか始末する理由がないものかと探っても、ガードが堅くて決して隙《すき》を見せない。やむなく呼びつけて従順を誓わせ、帝位への野心のないことも確かめたが、信用はならない。アンナは自分が女なのに（いや、自分がそうだからこそかもしれないが）女帝という存在に懐疑的で、血筋に男児を求めた。すると願いは叶い、妹の娘（姪）が男児を産む。これぞ後継者だ。

かくしてアンナ逝去後、この子がイワン六世となる。まだ生後二ヶ月の赤子だ。赤子にしてみれば、大伯母からとんでもない誕生プレゼントをもらったようなもので、そっとしておいてくれたら遥《はる》かにましな人生が開けていたであろうに、呪いの王冠を与えられたばかりに、物心つくころには自分が地獄住まいと気づくことになる。

『イワン六世』画家不詳、1740 年

機を見てのクーデター

イワン六世戴冠一年後の一七四一年、時は良しと見て、ついにエリザヴェータが立った。彼女を崇拝する近衛軍が、赤ん坊の六世とその摂政たる母親が眠る寝室のドアを――ソ連時代のジョークと同じく――乱暴に叩き、ふたりを逮捕。クーデターは成功する。三十二歳にしてようやくエリザヴェータは、父母ともに座った玉座に腰を下ろした。フランス王妃となるより、ロシア女帝のほうがよかった。今後はペテルブルク宮廷をヴェルサイユ風にすればいいだけのこと。

彼女はまず真っ先に、自分がいかにヨーロッパ的であるかを、要するに中世風ロシアとはいかに隔《へだ》たっているかを世にアピールした。慈悲深い国母《こくぼ》のイメージを国民に浸透させるつもりだった。そのためイワン六世を祭り上げた重臣らは、拷問及び四肢切断刑をいったん言い渡された後、新女帝のありがたいお情けにより減刑され、シベリア送りとなる。万事がその調子で、エリザヴェータの優しさが類稀《たぐいまれ》な美質として喧伝《けんでん》された。

何も知らぬうちツァーリとなり、何も知らぬうち廃位されたイワンはどうなったか？

肉親と引き離され、たったひとり放置状態で幽閉され、救出の試みがあり次第殺害するようにと指示されていたイワンは、二十三歳のとき、奪還しようとした一群が幽閉場所の要塞へ攻め入ったため、看守に刺殺された。すでにもう長すぎる無為《むい》の時間の堆積《たいせき》により、狂気に陥っていたとされる（とはいえその時にはもうエリザヴェータ本人もこの世の人ではなかったが）。

エリザヴェータについては、次代のエカテリーナ大帝が「着飾ることしか興味がなかった」と毒づいたため過小評価されがちだが、実際にはピョートル大帝の娘らしい政治力を発揮している。大貴族らが権力争いにあけくれて地方政治が崩壊していたのを建て直したし、外交では親仏路線をとり、フリードリヒ大王率いる新興勢力プロイセンを追いつめた。

他にも彼女の二十年に及ぶ治世では、ロシア大学開設、本格的人口調査、銀行開設、拷問禁止など実績が多々あり、父帝ピョートルの改革案の多くを実行したといえよう。

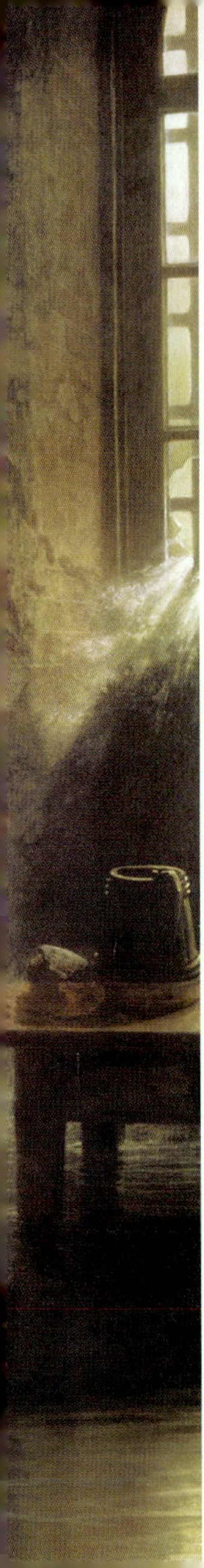

第5章
コンスタンチン・フラヴィツキー『皇女タラカーノヴァ』

（一八六四年、油彩、トレチャコフ美術館、二四五×一八七・五㎝）

切手になった名画

十九世紀のロシア人画家フラヴィツキーは、イタリア留学中、結核に罹患《りかん》し、帰国後ペテルブルクの寒さに病状悪化、まだ三十五歳という若さで世を去る。歴史画『皇女タラカーノヴァ』は死のわずか一年半前の完成で、批評家に激賞され、画家としての将来も有望視されたのだが、もはや次の大作を描きあげる余力は残っていなかった。彼の最高傑作となった本作は長く人気を保ち、ソ連時代には切手の図柄にも使われている。

ここには何が描かれているのだろう?

剥《む》き出しのごつごつした壁によりかかり、髪を乱し、絶望の涙を流す、うら若き美女。袖口の華やかなレース、胸元の大きく開いた深紅のビロード・ドレスやサテンのアンダー・スカートから、ある程度の身分の高さがうかがえる。だが彼女がいるのは、薄暗く寒々とした狭い部屋で、質素なベッドのクッションからは麦藁がはみ出し、傍《かたわ》らの汚いテーブルにあるのは堅《かた》パンと水差しのみ。

独房なのだ。かつてピョートル大帝の息子も放り込まれた、ネヴァ川沿いのペトロパヴロフスク要塞《ようさい》監獄。

足元をドブネズミが這《は》いまわる。女囚はこのおぞましい害獣に怯《おび》えたのか?――否《いな》。画面右、割れた窓から、猛烈な勢いで水がなだれ込んできている。毎年のように起こる川の氾濫の、とりわけ凄《すさ》まじいのが押し寄せてきて、すでにベッドは浮き舟状態だ。看守らはとうに逃げ、濁り水は溢《あふ》れ溢れて、ネズミもろとも溺《おぼ》れ死ぬのは時間の問題だろう。

一七七七年、ペテルブルクを襲った記録的大洪水による多数の死者の中に、彼女、タラカーノヴァも含まれていた……これはその言い伝えを絵画化したものだ。公式には、タラカーノヴァは洪水より二年も前に病死したとされているが、しかし隠匿《いんとく》体質の黒い宮廷の裏で実際に何が起こったか、知れたものではない。夫を殺して女帝となったエカテリーナ二世のことだ、玉座を揺るがしかねない相手を死んだものとして、監獄へ入れっ放しにしていたかもしれない。人々は想像を膨《ふく》らませていたのだった。

パリに現われた美女

皇女タラカーノヴァを名のる美女が、忽然《こつぜん》とパリに現われたのは、この洪水の五年ほど前である。彼女は自分の素性をこう語った、今は亡きエリザヴェータ女帝（ピョートル大帝の娘）と愛人ラズモーフスキー伯爵との間に生まれ、ひそかにヨーロッパで育てられた、と。

全く真実味がないわけでもない。エリザヴェータ女帝は独身を貫《つらぬ》いたものの、ラズモーフスキー伯爵との仲は公然の秘密だったから、子どもが複数いたとの噂も根強かった。その反面、かつて偽ドミトリーをふたりも輩出したように、ロシアは僭称《せんしょう》者や偽称《ぎしょう》者の宝庫でもある。どうやら自称皇女は、貴人という好餌《こうじ》を使ってヨーロッパを渡り歩く、詐欺師の類だったようだ。美貌と謎めいた魅力にひれ伏し、金銀を貢《みつ》ぐ男たちには事欠かない。彼女はプラハ、ロンドン、ベルリンを経て（当時は高級娼婦をしていたとの説もある）、パリでロシア皇女としてデビューしたわけだ。

パリでの評判は、エカテリーナ二世の耳に届いた。一滴もロシア人の血を持たないエカテリーナにとっては、ピョートル大帝の孫娘と称するタラカーノヴァの存在は、たとえ嘘でも苦々しい。自分がロマノフ王朝の正統な継承者ではないのを、声高に批難されている気さえする。また万が一にも、国内の反政府派がタラカーノヴァを利用していれば危険だ。女帝が彼女をロシアへ連行しようとしたのは当然であった。

やがてタラカーノヴァは、フランスからイタリアへ居を移した。エカテリーナから密命をうけた側近オルロフ伯爵は、まんまと彼女に近づき、結婚をほのめかせてロシア行きの船に乗せたとされる。だがロシアへ行くのが命取りだということくらい、タラカーノヴァにもわからないはずはないのだから、力ずくで拉致《らち》された可能性のほうが高い。いずれにせよ、ペ

『ツァールスコエ・セローのエリザヴェータ女帝』
ユージーン・ランセレー画、1905年

テルブルクへ到着した「皇女」を待っていたのは、逮捕、拷問、拘禁、そして「病死」ないし「溺死」であった。

少女ゾフィ

エカテリーナ二世が権力を握ったやり方もまた、力ずくだった。そして運命は常に彼女に味方した。遡《さかのぼ》ること、エリザヴェータ女帝時代の幕開け。雌伏《しふく》十数年を経験したエリザヴェータは、戴冠翌年早々に――父の失敗をくり返すまいと――しっかり後継者指名の文書を作成した。仮にもし愛人との間に子がいたとしても、その子に玉座を継がせる意志はなかったのだろう、選んだのは亡き姉アンナの息子だった。

前章で触れたように、アンナはドイツのホルシユタイン＝ゴットルプ公と結婚し、息子を産んですぐ亡くなった。公もその十一年後には死去したため、少年は父方の親戚のもとで、ドイツ人として育てられた。だがエリザヴェータにとってこの子は、仲良しだった姉が残した一粒種《ひとつぶだね》であり、甥《おい》であり、かつまたロマンティックな意味合いでいえば、自分のかつての婚約者の従兄弟の子でもある。何よりロマノフの血、ピョートル大帝の血が流れている。エリザヴェータは彼を皇太子と決め、王宮へ迎え入れる。

　どんなにか幻滅したであろう。エリザヴェータは勝手に薔薇色の夢を描いていた。ところがドイツからやって来た、初めて会う十四歳の後継者は、美しかった姉アンナにも、逞しかった父ピョートルにも全然似ていないどころか、おつむの方もぱっとせず、自分の立場もよくわきまえず、ロシアを後進国と馬鹿にして憚《はばか》らなかった。こんな出来損ないをピョートル三世として、帝国の未来を託さねばならぬとは、内心忸怩《じくじ》たるものがあったが、今さらどうしようもない。エリザヴェータは気持を切り替え、早く結婚させて子

『ピョートル三世肖像画』
ルーカス・プファンツェルト画、
1761 年頃

を作らせ、そちらに望みをかけることにした。

皇太子妃選びが始まる。ここでもまた女帝は、彼女らしいロマンを重視するのだった。昔の自分の婚約者、結婚前に病死したドイツ人には妹がいて、今では同国の貧しい小貴族に嫁ぎ、娘を産んだという。丸ごとドイツ人のその少女ゾフィは、皇太子より一歳年下である。候補者にぴったりではないか！

こうした細い頼りない糸に、ゾフィこと、未来のエカテリーナ大帝は、たぐり寄せられたのだった。みすぼらしい様子の、どこといって人目を惹《ひ》くところのない小柄なゾフィは、だが頭脳明晰《めいせき》で抜群の現実感覚を持ち、胸には野望を秘めていた。ロシア皇太子妃に選ばれなければ、田舎で惨《みじ》めに朽《く》ち果てる定めと知っていた。千載一遇《せんざいいちぐう》のこのチャンスに賭けていた。何が何でも女帝に気に入られたい！

絢爛たる宮殿で、三十三歳のロシア女帝と十四歳のドイツ少女は顔を合わせる。父譲りの大柄なエリザヴェータは、パリの高級服店から輸

『皇太子妃エカテリーナ』ゲオルグ・クリストフ・グロート画、1745年

入した最新ファッションを身にまとい、輝くばかりの美貌と貫禄でゾフィを圧倒した。未経験な小娘の大望はたちまち萎《な》え、自分の居場所などあるはずもないと絶望する。再び遠路を、涙を同伴者に帰ってゆかねばならぬのか……。

エリザヴェータは、目の前で震えている野暮《やぼ》ったい娘を上から下まで観察した。長身を生かした男装が大好きで、自分と似たタイプの美女にはあからさまに嫉妬する女帝は、正反対のゾフィの外見を好もしく思った。しかも話をしてみると、愚かではない。ドイツ人らしい勤勉さも見てとれる。家系的に多産ということはすでに調査済みだ。よし、合格！

ゾフィはこの時、自分の何が女帝に気に入られたかわからなかった。ただただ幸運を神に感謝するとともに、今後何があろうと女帝に従順にふるまうことこそ自分の生きる道だと心した。プロテスタントからロシア正教に改宗することに抵抗はなかったし、女帝から与えられたエカテリーナというロシア名もありがたく頂戴した。それにしてもこの名前がまた運命的だ。エリザヴェータの母だったエカテリーナ一世もロシア人ではなく、夫ピョートル大帝の死によって玉座へ上ったのではなかったか……。

皇太子はゾフィをどう思ったろう？

どう思おうと、そんなものははなから問題にならない。これは恋愛ではなく政治なのだ。

皇太子はゾフィとの間に男児を作る義務を負う。エリザヴェータのために、いや、ロマノフ王朝繁栄のためにだ。早い話、女帝にとっては、男児さえできれば皇太子夫婦などどうでもいい。場合によっては現皇太子を飛び越え、その子に王冠をかぶせる可能性まで考えている。

冷たい宮廷

さて、王朝物語においては、王に愛されない王妃の悲しみがくり返し語られてきた。しかし王にしてみても政略結婚でやむなく迎えた妃に生理的嫌悪感を抱けば、子作りは苦行に違いない。嫌な相手との同衾《どうきん》が辛《つら》いのは、何も女性だけとは限らないのだ。皇太子がまさにそれだった。

彼は最初から妻を——彼女に殺される運命を予見したみたいに——毛嫌いし、愛人を作った。新夫婦は冬宮（現エルミタージュ）を住まいとし、子作りに励むよう命じられるが、三年たっても五年たっても皇太子妃の腹は平らなままだった。

エリザヴェータ女帝は不機嫌を隠さず、エカテリーナには針の筵《むしろ》状態が続く。しかしその間にも勤勉ぶりを発揮してロシア史やロシア正教を学び、ロシア人になりきる努力を怠らなかった。強靭《きょうじん》な精神はいよいよ鍛えられ、女帝に対してはあくまで恭順《きょうじゅん》の意を示し、

『ポンパドゥール夫人』
モーリス・カンタン・ド・
ラ・トゥール画、1755年

『フリードリヒ大王』
アントン・グラフ画、
1781年

陰では確実に皇太子妃派ともいうべき味方を、とりわけ軍隊の中に増やしてゆく。政治への優れた感覚と、絶えざる学習の成果であろうか、跡継ぎは皇太子との間の子である必要はない、と本気で考えたのだろうか、ともかく後々まで疑義をはさまれる男児（後のパーヴェル一世）を、ようやく結婚九年目にして産んだ。

宮廷中が、子どもの父親は皇太子ではなく、皇太子妃の秘密の恋人だと噂したが、エリザヴェータ女帝が有頂天になっているのだから何の問題もない。赤子はたちまち母親から取り上げられ、エリザヴェータの元で帝王教育が施された。エカテリーナが我が子に会うためには、女帝の許可が必要で、その許可は必ずしもいつも下りるわけではなかった。とはいえ跡継ぎをもたらした皇太子妃

『マリア・テレジア女帝』
マルティン・ファン・
マイテンス画、1759年

の地位はようやく安定する。彼女はそれでも用心おこたらず、これまで以上に自らをロシア人化するのだった。

一方、愚かな皇太子は相変わらずロシア語もろくに話せず、ドイツ人であることをやめないどころか、まるで女帝や妻に反抗するのが目的かと思われるほど、年々ドイツ礼讃《らいさん》ぶりに拍車《はくしゃ》がかかった。特に新興国プロイセンの啓蒙君主フリードリヒ大王は、彼にとっての理想であり憧れの対象だったから、真似をしてプロイセンの軍服を着用するありさまだ。ドイツ人だけの連隊まで作った。これではどこの国の皇太子かわからない。やがてエリザヴェータがフランスのポンパドゥール（ルイ十五世の寵姫《ちょうき》）とオーストリアのマリア・テレジアと組み、いわゆる「ペチコート作戦」（女三人の連合だったため、女性用下着ペチコートの名が付けられた）でフリードリヒ大王の息の根を止めようとした時、邪魔をするのが自分の後継者、という冗談のような構図になってしまう。

フリードリヒ大王は危ういところを逃げきるが、それはエリザヴェータ女帝の急死のおかげだ。一七六一年、彼女の死を受け、三十四歳の皇太子がピョートル三世として戴冠し、いの一番に行なったのは、せっかくプロイセン領内にまで攻め込んでいたロシア軍を撤退《てったい》させることだった。フリードリヒ大王から、「陛下は我が救世主です」との謝辞をもらった新ツァーリは良い気分であったろうが、自国軍の烈《はげ》しい怨嗟《えんさ》を買ったことへの十分な自覚はなかった。

次にピョートル三世がやろうとしたのは、大嫌いな妃の排除である。ここに命がけの夫婦喧嘩が始まる。

エカテリーナはいずれこの時が来るのを覚悟していた。であればこそ、長い年月をかけて味方を集めてきたのだ。軍人も臣下も、小柄でぱっとしないドイツ女性を最初のうちこそ馬鹿にしていたものの、次第次第にその人物の大きさに魅了されるようになっている。彼らにしてみれば、母方のロシアの血を忘れ、自らをドイツ人と見做してロシアをドイツ化せんとしている愚劣なツァーリより、どこからどこまでもドイツ人でありながら、ロシア国民にそれを忘れさせるほどになった妃のほうが、はるかに国の為になる。

夫婦は激突し、あっという間に勝負は決まる。戴冠してわずか半年でピョートル三世は王冠を奪われた。人徳のないピョートル三世と、軍の後ろ盾のあるエカテリーナでは、最初か

エカテリーナ宮殿（夏の宮殿）

ら勝負がついていたのではないかと思われるかもしれないが、それはあくまで歴史をすでに知っている後世の目でしかない。戦闘開始の時点では、人々の行動は予測不能だった。いかに愚かでも、現ツァーリはピョートル大帝の孫なのだ。それを差し置いて、異国の女を玉座につけることに、躊躇《ちゅうちょ》しないロシア人がいるだろうか？

したがってエカテリーナが決然と夫へ反旗《はんき》を翻《ひるがえ》したのは途方もない度胸であり、彼女を勝たせたのは準備周到の政治力と幸運という味方であった。ピョートル三世は逮捕後すぐ近衛兵隊に殺害される。エカテリーナの知らぬうちに、暴走した軍人がツァーリを殺《あや》めたと歴史家は言うが、とうてい信じ難い。誰が敵を生かしておくものか、ましてエカテリーナのような生まれついての政治家が。

十八世紀のロシアは女帝の時代であり、エカテリーナ二世はロマノフ王朝における最後にして最大の女帝である。ピョートル大帝の実の娘エリザヴェータより、はるかにピョートルに似た絶対君主だった。だからピョートルと同じく、後世は彼女をも「大帝」と呼ぶのだ。

ドイツからわずかの下着を詰めたトランクだけを持ってロシアの地を踏んだ少女は、我慢に我慢を重ね、努力に努力を重ね、粘り、戦い、ついに三十三歳にして、帝国のトップに就いた。異国の女帝は片時も出自を忘れず、であればこそ、皇女タラカーノヴァを名乗る女性の存在を許すわけにはいかなかったのだ。

第6章

ウィギリウス・エリクセン『エカテリーナ二世肖像』

（一七六六〜六七年、油彩、コペンハーゲン国立美術館、二八四×一七三・五cm）

アントワネットの画家

デンマークの宮廷画家エリクセン描く、エカテリーナ二世の肖像画。かなり下から見上げた構図にもかかわらず、リアルな筆致によって女帝の背の低さがはっきりわかる。これはロシア人画家によるエカテリーナ像にはあまり見られない特徴だ。

後年、フランス革命を逃れてヨーロッパ中を転々としたヴィジェ＝ルブラン（マリー・アントワネットの肖像で知られる人気女流画家）は、ペテルブルクへも招聘《しょうへい》されてエカテリーナに拝謁《はいえつ》するが、彼女もまたその時の第一印象を率直にこう記している、女帝があまりに背が低くて驚いた、と。これには二つ意味があろう。一つは、エカテリーナの権力の巨大さに比して、その小柄すぎる肉体が意外であったこと。もう一つは、当時の高貴な美女の条件だった、ある程度以上の身長に合致していないこと。

『自画像』
エリザベート・ルイーズ・ヴィジェ＝ルブラン画、1800年

庶民階級出身のヴィジェ＝ルブランだが、ヴェルサイユに出入りして以来、高位貴族女性、とりわけアントワネットによって体現された美の理想に心酔しきっていた。ほっそりしたスタイル、優雅な身ご

なし、図抜けたファッションセンスを見慣れた彼女の目に、エカテリーナはさぞかし見劣りしたであろう。もともとフランス人にとってロシアは後進国だし、絶対権力者としてキンキラに着飾っている女帝自身、ドイツの片田舎の出にすぎない。

そんなヴィジェ＝ルブランの思いが伝わったのかどうか、エカテリーナは彼女を嫌い、肖像画を依頼することはついになかった。ヴィジェ＝ルブランは五年もペテルブルクに滞在し、ロシア・アカデミー会員になり、宮廷貴族たちの肖像を数多く描き、自画像も残したが、肝心の女帝像を——全く残念としか言いようがない——手がけぬまま、ロシアを去る。国際的名声を博していた彼女は、ヨーロッパ各宮廷からひっぱりだこだったのだ。

オルロフのダイアモンド
（クレムリン博物館のダイアモンド庫所蔵）

二百カラットの巨大ダイヤ

本作に描かれた宝石に注目。

大量のダイヤと大粒の真珠に飾られた王冠は、重さ二キロだという。頭頂部でスピネル（尖晶石《せんしょうせき》）が赤く輝く。左手に持つ宝珠《ほうじゅ》にもダイヤとサファイアが使われている。何より凄《すご》いのは、王笏《おうしゃく》の先に装着された約二百カラット近い巨大ダイヤだ。通称「オルロフのダイヤモンド」。皇女タラカーノヴァ（第5章参照）をロシアへ連行してきた、あのオルロフ伯爵の名にちなむ。

一時期エカテリーナの愛人だったオルロフは、アムステルダムでこれを大金（当時で四十五万ドル相当という）で購入し、女帝の愛を繋《つな》ぎとめるためプレゼントしたのだった。卵を半分に切った形のこのダイヤは、かつてインドの王子が所有していた「呪われた石」（次々持ち主を怪死させたという）と伝えられたが、そんな呪いごときに、エカテリーナはびくともせず、その代わりオルロフ自身が――プレゼントの甲斐もなく――女帝の寵愛を失ったのは皮肉としかいいようがない。

これら王冠、王笏、宝珠は、三つとも現在モスクワ・クレムリン博物館に展示されており、ロシア支配階級の途方もない富の蓄積を見せつける。十八世紀後半といえば、絶対君主制に人々が「否《いな》」を叫びだした時期で、どのヨーロッパ王室も財産の目減りに悩まされていたのに、ロシアだけがひとり気を吐いていた。

ネヴァ川から望むエルミタージュ

今や世界三大美術館の一つに数えられるエルミタージュ（所蔵品三百万点）も、その基となったのはピョートル大帝のヨーロッパ視察旅行での収集品だが、さらなる拡充はエカテリーナの決断だった。ドイツの画商ゴッツゴウスキーが売り出した、絵画二百二十五点を一括購入したのである。これはゴッツゴウスキーが、プロイセンのフリードリヒ大王のために集めた名コレクションで、資金ぐりがつかなくなった大王が泣く泣く諦めたところを女帝が悠々と横取りし、ロシアの財力を世に知らしめた出来事であった。大量の名画が非文明国ロシアへ運ばれることに対し、ヨーロッパでは抗議運動が起こったほど。

その後もエカテリーナは各地のオークションに目を配り、絵画ばかりでなく彫刻や陶器や工芸品など、精力的に収集し続けた。フランスの哲学者ディドロのアドヴァイスも求めたとはいえ、たいていは選別せずの「まとめ買い」だった。新興国が芸術作品の所有によって一流国と肩を並べるには、この買占め方式がもっとも手っ取り早く、賢明といえよう（後世の成金国アメリカが印象派に活路を見出したのは、もはや大規模なコレクションが出回らなくなったため）。

絶対君主と啓蒙主義

それにしてもなぜロシアは、いや、正確には、なぜエカテリーナの宮廷や側近らは、これほど潤沢な財産を有していられたのか？

簡単だ。ピョートル大帝時代に強化された、農奴《のうど》という一種の奴隷制度のもとでの繁栄である。いや、これまたもっと正確に言えば、悪名高い農奴制によるロシア絶対主義は、エカテリーナがピョートルの頃よりなおいっそう徹底したのだった。

世は啓蒙時代。啓蒙とは読んで字の如《ごと》く、蒙（＝無知）を啓（＝ひらく）、つまり道理や知識のない者を教え導くこと。自然科学の発展を背景に、古い因習を理性と合理主義で打破して人間解放を目指す思想が啓蒙主義であり、新時代の君主たちは、フリードリヒ大王もハプスブルクのヨーゼフ二世も、そしてエカテリーナ自身も、自らを啓蒙君主と称した。啓蒙主義哲学の代表ヴォルテールを、フリードリヒは宮廷へ迎え入れたし、エカテリーナは招待を受け入れてもらえなかったのでせっせと文通した。

　戴冠直後のエカテリーナは、おそらく本気で国政改革を目指したのであろう。各階層から成る立法委員会を設け、帝権の絶対性の下とはいえ、法の下の原則的国民平等を掲げもした。けれどいかんせん、帰化ロシア人の彼女には、強力にバックアップしてくれる先祖代々の親族も臣下もいないのだから、自分の支持母体たる貴族の意を汲《く》まざるをえない。その彼らが保守的で、しかもこれまでの特権を手放すつもりなど微塵《みじん》もないとなれば、女帝の意気込みが次第にトーンダウンしてゆくのは自然の流れだ。

　そもそも絶対君主の考える啓蒙とは、上から下への、自分に都合のよい「教え諭《さと》し」をいう。エカテリーナはジャーナリズムの重要

農奴への扱いを示す、ロシアの棒打ち刑の様子。
ジャン＝バティスト・ル・プランス画、1765年頃

性を鋭く見抜いていたので、国家啓蒙事業の一環として自分でも雑誌を発刊した。ところがそんなものはさして売れない。売れたのは、下から上を諷刺《ふうし》する個人雑誌のほうだった。女帝はこの雑誌発行者をフリーメイソンだとして逮捕し、シベリア送りにした。

一事が万事で、立法委員会も開かれなくなり、啓蒙思想の及ぶ範囲はごく限定され、発言権や自由を求める改革派は弾圧された。他方、地主貴族（領主）の権限はさらに増え、従わない農奴をシベリア送りにする権利や、懲役を無制限に科す権利が認められ、農奴が領主の不正を政府に訴えることは禁止された。農奴は人格を認められているので奴隷とは違う、とされるが、領主の思惑《おもわく》一つで土地もろとも売買の対象にされる身だ、どこに人格の余地があろう、これでは永遠に啓蒙されまい。

エカテリーナの在位は一七六二年から一七九六年までの、三十四年という長期にわたった。トルコ戦に勝利し、領土は拡大し（ソ連時代とほぼ同じ版図《はんと》）、ヨーロッパ先進国へも存在感を示すようになって、この女大帝は赫々《かっかく》たる栄光と唸《うな》るほどの財宝に囲まれた。在位後半にははっきりと、ロシアのような広大な国を束ねるには強権的君主制が最適だ、と断言するに至る。

啓蒙だの自由だのは国を弱体化する、との彼女の信念は、二つの国の運命をつぶさに見た

『ルイ十六世の処刑』チャールズ・モネ（版画下絵）画、1794年

経験に拠《よ》るだろう。まず隣国ポーランド。この肥沃《ひよく》な国の貴族は、自分たち同士の平等を最優先し、強力な王の出現を常に阻《はば》んだ。結果、個別の戦いしかできずに大国の餌食《えじき》となり、三度にわたる「ポーランド分割」で領土を削りとられ、喰い尽され、消滅してしまう。プロイセンやオーストリアといっしょに、エカテリーナ自身がその分割（むしろ「分捕り」と呼ぶべき）に加わったのだから、ポーランドの弱点を嫌というほど知っていただろう。

もう一つはフランス。かつてヨーロッパ中から羨《せん》望《ぼう》されたヴェルサイユの輝きは、太陽王ルイ十四世亡き後、遊び人十五世を経て、無力な十六世の代ですっかり色褪《あ》せてしまったばかりか、革命まで引き起こされた。もちろんエカテリーナもまたフランス革命に対し、強い危機感を募《つの》らせた。自国への波《は》

『大黒屋光太夫と磯吉』桂川甫周著
『吹上秘書漂民御覧之記』内の彩色図、1792 年

及《きゅう》を怖れたのはもちろんだが、この時代の王族が一体感を感じる相手は、自国の平民よりむしろ（あまりの階級差ゆえに、社会の上層部と下層部では言語もライフスタイルも顔つきまでも断絶していたから、身分違いの相手を理解するのは難しかった）他国の王族たちのほうなのだ。従って彼らの運命を、自分の運命に重ね得た。

仲間である王の命を救うため、ロシアはオーストリア、スウェーデン、スペインなどとともに反革命派を密かに支援したが、ルイ十六世と妃アントワネットはギロチン台に散り、エカテリーナは大きな衝撃を受ける。とはいえ彼女の立ち直りは早かった。フランスの失敗は十六世と側近が無能すぎたこと、また啓蒙思想の悪しき影響が国中に拡がるのを防ぎきれなかったことにあると、結論づけている。成功した企業の社長が、倒産した社長個人のせいにするように。

ロマノフ家は安泰だった。領土拡張で農奴の数は増え、貴族でなくとも啓蒙主義の恩恵を受けた数少ないグループ、即ち知識階級（官吏や商工業者たち）が富国強兵を支えてくれた。

晩年のエカテリーナは、ピョートル大帝と同様、国交のない日本からの漂流者に謁見している。大黒屋光太夫《だいこくやこうだゆう》がその人で、彼はその時すでに十年近い歳月をロシア東部で過ごし、仲間十二人を死なせていた。それを聞いたエカテリーナが「哀れなり」と洩《も》らし、光太夫を帰国させたエピソードはよく知られている（井上靖『おろしや国酔夢譚《すいむたん》』に詳しい）。

愛人二十一人

エカテリーナの私生活は？　これはもう伝説化しており、愛人の数三百人、自分の孫から「王冠をかぶった娼婦」と罵《ののし》られた由。

辣腕《らつわん》の指導者は性的エネルギー量も並外れているのは歴史が証明するとおりで、女性であっても「英雄、色を好む」。その好例が、エリザベス一世とエカテリーナ二世だ。前者は「処女王」というキャッチフレーズの手前、宮廷の外へは巧みに隠し続けたが、実際には多くの愛人がいたし、晩年まで若い男性を次々ベッドへ召《め》したことが明らかになっている。後者はイギリス人ほど洗練されていない分、かなり開けっぴろげだった。最新の研究によれば、オルロフ伯爵や隻眼《せきがん》の軍人ポチョムキンを含め、生涯で愛人は二十一人だという（さすがに三百人には達していない）。
そこから次のようなジョークが生まれ、ロシア通は大いに笑いころげる次第。

——一九六一年、ソ連共産党第二十二回大会は、スターリンの遺体をレーニン廟《びょう》から叩き出すことにした。スターリンは新たな安息所を求めてさまよう。だが、イワン雷帝はスターリンと並んで寝ることをいやがり、ピョートル大帝もことわった。
やっと、だれかが呼んでくれた。
「お髭《ひげ》さん、私の横へいらっしゃい」
エカテリーナ二世だった。

（平井吉夫編『スターリン・ジョーク』より）

誰とでも「寝る」エカテリーナの面目躍如。

ただ一人の跡継ぎ

そんなエネルギッシュな女帝も不死身とはゆかず、一七九六年、脳卒中で急死する。だが最初の大帝のときと違い、しっかり跡継ぎの男児は残していた。夫だったピョートル三世との間に産んだ、しかし実は愛人との間の子ではないかと噂される、パーヴェル一世だ。

エカテリーナはこの息子が気に入らなかった。何しろ産んですぐエリザヴェータ女帝に取り上げられ、自分では育てられなかったので愛情が湧《わ》かない。パーヴェルのほうも思いは同じで、母とはいっても他人も同然、しかも父を殺したのは彼女だと恨みさえ抱いていた。誰の目にも仲の悪い母子だった。ピョートル父子を思い出させる関係である。エカテリーナは息子を飛び越えて孫に帝位を譲るつもりだったとも言われるが、書類が残されていなかったのでパーヴェルが王冠をかぶる。かぶってすぐ、新たな政策を次々打ち出した。まるで腹いせのごとく、エカテリーナの逆ばかり行くものだった。重臣

『パーヴェル一世』ウラジミール・ルキッチ・ボロヴィコフスキー画、1800年頃

も入れ換える。

当然の報いが待っていた。わずか五年後、クーデターで殺害され、玉座はその息子、アレクサンドル一世のものとなる。すでにナポレオン時代に突入していた。

第7章

ニコラ＝トゥサン・シャルレ『ロシアからの撤退』

（一八三六年、油彩、リヨン美術館、一九二×二九五㎝）

愛想よしのおばあちゃん子

アレクサンドル一世は一七七七年――ネヴァ川の記録的氾濫の年であり、皇女タラカーノヴァが（第5章参照）溺死《できし》したと伝えられる年――に生まれた。

世継ぎの息子パーヴェルに失望していたエカテリーナ二世は孫の誕生に狂喜し、かつて自分がエリザヴェータ女帝にされたと同じことをする、つまり両親のもとから引き離し、自らの監視下で帝王教育を施したのだ。

十二人もの家庭教師をつけられたアレクサンドルは、勉学の他、毎朝の冷水浴など肉体的にも厳しいスパルタ教育に耐え、期待を裏切らぬ知性と才気を見せて周囲を満足させた。何より姿かたちが父に似ぬ美しさ（血色よい肌、金髪碧眼《へきがん》、やさしげな口もと、すらりとした長身）、立ち居振る舞いもエレガントだったから、どんな相手もたちどころに魅了された。「これほど素晴らしい青年はまたといない」と、女帝が手放しで自慢するのも無理はなかった。

このおばあちゃん子は、しかし利発なだけに、早い時期から己の微妙な立場に気づいた。辣腕《らつわん》政治家たる祖母と、プロイセン贔屓《びいき》で且《か》つ神秘思想にかぶれた父の関係は険悪そのもので、後者は前者の宮廷にほとんど顔を出さず、式典では互いにそっぽを向いた。しまいにはパーヴェルの邸自体が、反エカテリーナ派の牙城《がじよう》になってしまう。

やがて祖母が父を押しのけて孫を次期ツァーリにするつもりらしい、との噂が公然とささやかれ、アレクサンドルの耳にも入る。だがこれまでのロシア史を学ぶ限り、前帝がいくら後継指名しても、死後に有力貴族らが暗躍して実現を阻《はば》む例は珍しくない。その場合、指名された者はかえって危険にさらされた。ロマノフ王朝は、弟が姉を、夫が妻を幽閉し、父が息子を、妻が夫を殺してきた歴史だ。

長ずるに従い、アレクサンドルは少しずつ祖母のもとを離れ、父の宮廷へも出入りするようになる。そこはプロイセン式を標榜《ひようぼう》するだけあって禁欲的で質実剛健、父の軍隊熱も（神秘思想への傾倒と同じく）、燃えるようだった。その男性的雰囲気は、いかに祖母の宮廷が女性的か、いかに腐敗しきっているかに気づかせてくれた。エカテリーナ女帝は政務のストレス発散のため派手な舞踏会を連夜催し、息子よりはるかに若い愛人を侍《はべ》らせ、増長慢《ぞうじようまん》なその男を我が物顔でのし歩くに任せた。アレクサンドルは彼に対しても愛想よく接したが、それはもちろん女帝を喜ばせるためだ。

目の前の相手を喜ばせる――それは生涯を通じ、アレクサンドルに見られた特徴、いや、一種の才能であった。祖母も父も、彼に敬愛されていると思い込まされた。またアレクサンドルの家庭教師のひとりはジャコバン派のスイス人で、啓蒙思想を講じたが、将来は絶対君主となる我が生徒が農奴に同情し、共和制を実現してくれると信じた。アレクサンドルと親しい仲間、政治改革を唱える青年たちもそうだった。保守派の長老たちさえ、彼がエカテリーナ路線を踏襲《とうしゅう》するものと疑わなかった。

アレクサンドルがしばしば優柔不断と見做されたのは、これら主義主張の異なる人々が彼の賛同を得たと信じ、なぜすぐ行動に移さないのか、躊躇《ちゅうちょ》しているのではないかと苛立《いらだ》ったせいだ。まさかあれほど真剣に耳傾け、同意を示してくれるアレクサンドルが、心の奥では、聞いてやったのだからそれで十分、で済ませているとは想像もできなかった。

後年ナポレオンは、自分より八歳年下のこのロシア皇帝を、「才知あふれるが性格に何か欠落したところがある」、「魅力的だが信用ならぬ偽善者」と評したが、当たらずといえども遠からず。アレクサンドルのような育ち方をした者が、どうして見かけどおりの人間でおれよう。彼の捉《とら》えどころない個性は、ロマノフ王朝そのものが、ひいてはロシアの広漠《こうばく》さと複雑怪奇が、必然的に生みだしたと言えるかもしれない。

「アポロンの再来」と誉《ほ》めそやされ、女性たちにちやほやされてナルシシズムに酔って見えた若いころすでにもう、アレクサンドルは隠遁《いんとん》の夢を記していた。父の兵士らとどんちゃん騒ぎをくり返す一方、自分の執務室は何もかも四角四面に整然としていなければ気がすまなかった。国際政治の場で流暢《りゅうちょう》にフランス語をあやつり、ロシアには農奴制など存在しないかのごとく語ってヨーロッパ諸国を唖然《あぜん》とさせた。晩年にむけては、祖母と同じく啓蒙主義を唱えながら独裁性を強化し、父と同じく軍備を増強しつつ神秘主義に傾いてゆく。

『パーヴェル一世の暗殺』（部分）画家、制作年不詳

アレクサンドルの「父殺し」

アレクサンドルが、単なるその場しのぎに他者へ良い顔を向けていただけでないことは、二つの大きな事件への対応がはっきり物語る。いったんこれと決断したなら彼は、他人の思惑を蹴散《けち》らしてもやり抜く胆力の主だった。一つは父殺し、もう一つは対ナポレオン戦争——

エカテリーナ大帝が崩御《ほうぎよ》し、直《ただ》ちにパーヴェルが即位した時、アレクサンドルは十八歳だった（もちろん父に恭順《きようじゆん》の意を示した）。パーヴェルの政策は母親憎しが根底にあったから、それまでの重臣は皆遠ざけ、男子のみの帝位継承法を発布して、二度と女帝を誕生できなくした。厳格なプロイセン流を宮廷にも持ちこみ、厳罰主義は兵どころか文官にも及んだため、軍にも臣下にも憎まれた。おまけにナポレオンを応援し、彼の海上封鎖作戦に加わって露英貿易を止めたせいで、商人の怨嗟《えんさ》と不況による国民の不満まで買った。

玉座について五年目、愚かなツァーリは完全に孤立無援となる。人々の希望は若き皇太子に集中し、クーデター計画が内々に打診された。アレクサンドルは、いっさい自分は関わりたくないと答えながら、阻止もせず父にも通報しないことによって、暗黙の了解を与えた。こうしてパーヴェルは近衛将校らによって殺害され、対外的には卒中の発作と発表される。ナポレオンの側近タレーランはこれを聞き、「ロシア人というのは、皇帝の死に他の病名をつけられないのかね」と嘲笑《あざわら》ったという。この不敵なフランス人政治家は、後々も機会を捉えてはアレクサンドルに父殺しを思い出させ、不快な目にあわせるのだった。

いや、不快程度ではすまず、良心が疼《うず》き、神の前で身を縮めたであろう。父の退位こそ願え、暗殺までは考えていなかったとされるアレクサンドルだが、とうてい鵜呑《うの》みにはできない。おとなしく譲位するパーヴェルでなし、彼が生きている限り政治が安定しないのは明らかなのだから、クーデター、イコール死は、承知の上だったはずだ。にもかかわらず実際に父王を倒して新王になるという神話的世界に身を置くと、アレクサンドルは自らの有罪を胸深く畳《たた》まずにいられなかった（その影響が晩年に出たともいえよう）。

一八〇一年、十九世紀の幕開けとともに二十三歳でアレクサンドル一世、誕生。ロシアの舵《かじ》取り役に就く。今後四半世紀近く、それは続くことになる。

対ナポレオン戦争

前帝が悪評芬々《ふんぷん》だったため、新皇帝は歓呼の嵐で迎えられた。先述したように、さまざまな立場の者が清新なツァーリに自らの夢を託したが、本人はぬらりくらりと身をかわし、風雲急を告げる国際情勢に集中した。ナポレオン対策だ。

最初のうちアレクサンドルは、フランスともイギリスとも友好関係を保つべく腐心《ふしん》し、両国とそれぞれ条約を結んだ。しかしナポレオンの膨張政策はとどまるところを知らず、一八〇四年には「フランス人民の皇帝」として戴冠、近隣の国々を猛烈な勢いで呑《の》み込みはじめ、衝突は避けがたいものとなる。

『アウステルリッツの戦い』フランソワ・ジェラール画、1810年

ロシアはイギリスやプロイセンの対仏同盟に加盟し、一八〇五年、ついにモラヴィアのアウステルリッツでナポレオン軍と対峙《たいじ》した。

やはりまだアレクサンドルは未熟だったとしか言いようがない。戦場へ赴《おもむ》いた彼は、歴戦の勇者、隻眼《せきがん》の老将軍クトゥーゾフ（六十年後、トルストイが『戦争と平和』で「ロシア的賢者」として描くことになる）の戦いぶりに生ぬるさを感じた。クトゥーゾフの外見も気に入らなかった。しまりなく肥《ふと》り、馬に乗るのさえ大儀そうなこの老人が、ナポレオンに対抗できるとは思えない。若い将校らにおだてられたアレクサンドルは、援軍到着まで静観するようにとのクトゥーゾフの諫《いさ》めもきかず、ナポレオンの計略に乗せられて自ら指揮をとり、決戦へなだれ込んだ。

完敗である。

二万五千のロシア兵が斃《たお》れた。死屍累々《ししるいるい》を目にし、ナポレオンの実力を見せつけられたアレクサンドルは茫然《ぼうぜん》自失、側近は彼がこの日を境に大きく変わり、若さを失ったと伝えている。帰国したアレクサンドルは、敗戦による国民の大ブーイングを忍び、将校の実力主義による登用《とうよう》と兵力増強に努めた。だが負い目から、クトゥーゾフだけは敬して遠ざけた。

翌々年、アレクサンドルはプロイセンと組んで再びナポレオンに挑む。実戦は自分に不向きと思い知ったので、遠く離れた参謀本部で待機する。新たな戦場は東プロイセンのフリートラント。午前九時に始まった戦いは、午後八時、ロシア側が兵の三分の一を失うという壊《かい》滅《めつ》状態で終了する。ナポレオンの天才的軍略を、なおまだ侮《あなど》った報いであった。

『将軍クトゥーゾフ』
R・M・ボルコフ画、1813年

二度も完敗したアレクサンドルは、ナポレオンの講和条約締結の要求に応じる他なかった。東プロイセンの小さな町ティルジットで、戦勝国フランスは敗戦国ロシアとプロイセンを鷹揚《おうよう》に出迎えた。といってもナポレオンの眼中にあるのはアレクサンドル一世のみ。プロイセンの

『タレーラン』
フランソワ・ジェラール画、19世紀初頭

フリードリヒ・ヴィルヘルム三世のことは露骨に無視した。ヨーロッパ制覇《せいは》にあたり、何としてもロシアを味方につけたかったのだ。

　アレクサンドルは、ここで初めて「フランス革命の申し子」にして「食人鬼」に対面し、彼がコルシカ訛《なま》りのわかりにくいフランス語を話すのに驚いた。平民から「成り上がった」破竹《はちく》の勢いの皇帝と、正統な血筋を持つ生まれながらの皇帝、エネルギーの塊《かたまり》のごとき武人と優美な宮廷人、共通点は何一つなかったが、それでもふたりは連日膝を交え、傍《はた》からは和気藹々《あいあい》と会談を進めた。この時ナポレオンは相手の賞讃を勝ち得たと疑わなかったが、例のごとく、それはアレクサンドルの外面《そとづら》の良さでしかなく、実際には母親への手紙にこう書いていた、「ナポレオンは天才だが弱点が一つあります。それは虚栄心です。わたしはロシアを救うため自

『ティルジット条約』（部分）ニコラ・ゴッス画、19世紀前半
（前景左からナポレオン、アレクサンドル一世、プロイセン王フリードリヒ・ヴィルヘルム三世夫妻）

尊心を捨てました」。また妹に宛てては、「最後に笑う者がもっともよく笑うのです」。然《しか》り。

　ティルジット条約が、ナポレオン大陸制覇の頂点となる。ところがフランス側の手強《てごわ》い交渉人タレーランは、父殺しをあてこする手紙を出す一方、呆れたことに水面下でアレクサンドルに直接コンタクトしてきて曰《いわ》く、「ナポレオンを倒してヨーロッパを救えるのはあなたしかいません」。

　この陰謀家の大貴族は、先を見とおす鋭い目でナポレオンに将来性無しと見限り、ブルボン家の王政復古を画策していたのだった。これはアレクサンドルを励ますに足る出来事であった。

ナポレオンのロシア遠征

新条約により、ロシアは前帝パーヴェルの時代同様、イギリスとの通商をやめざるを得なくなって、アレクサンドルの国内人気はますます下降する。同時にフランス語の人気も大暴落した。憎い敵国フランスの言葉より、母語を見直そうとの機運が——少し前のドイツのように——高まったのだ。王侯貴族はこれまでどおり世界共通語フランス語で会話したが、次第にロシア語も混じるようになった。田舎のどの領主家庭にもいたフランス人家庭教師も、お払い箱になる例が増えた。こうしてロシア文学の開花が準備されたのだから、敗戦の影響も悪いばかりではない。

一方、絶頂のナポレオンは、自らの王朝を磐石《ばんじゃく》にするため、子を生《な》せないジョゼフィーヌを離縁して新たな皇妃の物色に入った。コルシカの成り上がり者と結婚したがる大国の王女などいない。ナポレオンは友情を結んだつもりのアレクサンドルに、彼の妹アンナとの婚約を打診してきた。アレクサンドルがぐずぐず返事を先延ばしにしていると、電撃的ニュースが飛び込んでくる。なんとハプスブルク家の皇女マリー・ルイーズを妃にしたというンの行動は何たる侮辱と、ロシアのフランス憎しは弥増《いやま》した。やがてアレクサンドルは、なし崩し的に自国へイギリス船を入港させることでフランスを裏切りはじめる（ナポレオンが彼を偽善者と呼んだのはこのころだ）。

ティルジット条約から五年後の一八一二年、条約破棄の制裁を口実に、いよいよナポレオンは六十五万の兵を率いてロシア領土へ攻め入った。歴史に名高い「ロシア遠征」の開幕だ。迎え撃つロシア側は二十三万余。総大将はあのクトゥーゾフ。相変わらず肥満し、作戦会議では居眠りする六十七歳の老将ではあったが、軍の信頼と人気は絶大で、彼に対して苦手意識を持つアレクサンドルも任命しないわけにゆかなかった。

戦術は自ずから決まっていた。正面衝突では勝てない。ロシアという広大な土地と悠久《ゆうきゅう》の時間を使い、後退しては戦い、たとえ地の果てまで後退しようと、敵を消耗させるのだ。ナポレオン軍はロシアの真の広さを知らず、知ったころには冬将軍が訪れて、今度は初めて真の極寒を知るだろう。ロシア人は慣れている寒さに、他国人は耐えられまい。

フランス軍は町や村を襲い、教会や貴族の館で金銀財宝を盗みながら進軍したが、ロシア軍も町や村を焼き払い、できる限り食料を残さぬようにして後退した。会戦には持ち込まず、時を選ばずゲリラ戦法を駆使《くし》しつつ、自国を焦土《しょうど》にしてじりじり後ずさった。ナポレオンにしてみれば、これまでの戦争とは全く勝手が違い、いつまでたってもどこまでいっても敵の姿の見えない戦いだった。兵たちは戦闘でというより、疲労による病や餓《う》えで倒れてゆく。

こうして三ヶ月後の九月、フランス軍は兵を十一万人に減らし、やっとの思いでモスクワに到着。クレムリンに入城したナポレオンは勝利宣言できるものと思っていたが、そこはすでにもぬけの殻《から》であった。モスクワ全体が空《うつ》ろな死の町と化していた。敵は試合放棄したのだ。町のあちこちから火の手が上がるのを手をこまねいて見ながら、それでもナポレオンはロシア政府が降伏条件を携《たずさ》えてやって来るのを待った。食べるものもない厳寒のモスクワで、虚しく一ヶ月待った。

ついに諦めたナポレオンが退却命令を出したと知るや、今こそ攻めるべきだという勇ましい声がペテルブルクの宮廷にわき起こる。だがアレクサンドルは頑《がん》として耳を貸さなかった。それまでも、会戦せずに後退する戦法に不満を唱える者が多かったのだが、何を言われても方針を変えなかった。かつて二度も惨敗を喫した経験が良い教訓となり、じっと耐えることを覚えたのだ。彼はクトゥーゾフ将軍を信じ、自らは何の命令も出さず、待った。

クトゥーゾフは巧みにフランス軍の撤退路を狭《せば》め、コサック兵らも起用して、側面から背面から敵兵を削り取っていった。ナポレオンは少数の側近に護《まも》られ、ひそかに軍を離れて命からがらパリへもどった。敗残兵のある者はロシア軍に討たれ、ある者は農民の一団に襲われ、ある者は寒さで、また疫病《えきびょう》によって次々死んでいった。フランスへ辿《たど》りつけたのは、わずか三万だったといわれる。

亡者の行進

ロマン主義の画家ニコラ＝トゥサン・シャルレが、この戦争からおよそ四半世紀後に描いたのが『ロシアからの撤退』。

大画面の半分以上を不穏な空が占めることで、ロシアの気の遠くなるほどの茫漠《ぼうばく》さ、自然の非情さが表現される。雪原にひっくり返った馬車からは、盗んだ宝飾品がころがるが、誰ももはや目もくれない。ロシア人を撃ち殺そうとする兵もいれば、倒れながら救いを求める兵もいる。馬はただの一頭も見えない。すでに食料とされてしまったのだ。どこにも生気の感じられる色彩はない。褐色と灰色の世界。延々と連なる兵の列は、亡者《もうじゃ》の行進と見まがうばかりだ。

ナポレオンという一代の英雄の出現自体が夢まぼろしであったがごとく、その栄光の終《しゅう》焉《えん》もまた、この絵のような暗色の空と凍土《とうど》に消えていったのだ。

『ロシアからの撤退』(p.120-121 の絵) 部分図

第8章
ジョージ・ドウ『アレクサンドル一世』

（一八二四年、油彩、エルミタージュ美術館、二三八×一五二・三㎝）

戦後処理、各国の思惑

「会議は踊る、されど進まず」

――そう揶揄《やゆ》された「ウィーン会議」は、ナポレオン追放後のヨーロッパ地図をどう再編するかの重要な国際会議だった。それだけに各国の思惑がぶつかりあい、会議は進捗《しんちょく》せず、開始一八一四年九月十八日、議定書の締結による終了は、何と翌年六月九日（途中でナポレオンのエルバ島脱出がなければ、さらにどれだけ延長したか知れたものではない）。華麗なるハプスブルクの都ウィーンは毎晩宴《うたげ》や舞踏会を催し、傍からは各国首脳陣が気楽に踊り遊んでいるように見えたが、裏側でのスパイ合戦、袖《そで》の下合戦、裏切り合戦は熾烈《しれつ》をきわめた。

ウィーンには百数十ヶ国の君主や外交官が集まったのだが、全体会議はついに開かれなかった。というのもそれ以前の段階ですでに、ロシア、イギリス、フランス、プロイセン、オーストリアという五大国だけで戦後処理、つまり自分たちの分け前を決めてあり、それを他の諸国に認めさせるというのがウィーン会議の真の目的だからで、おいそれと皆を納得させられるものではなかったのだ。しかも同意できていたはずの大国間でも、隙あらばもっと分捕り品たる領土を増やそうとして、抜け駆けしたり阻止したりと暗躍が続いた。

ウィーン会議の様子

フランスは敗戦国にもかかわらず、策士タレーランの凄腕《すごうで》によって、悪いのはフランス王国ではなくナポレオンという個人だったと世界に認めさせ、ブルボン家復権を成功させていた。フランス革命で首を刎《は》ねられたルイ十六世の弟プロヴァンス伯が、ルイ十八世として亡命先から帰国し、当然とばかり玉座についた。アレクサンドル一世はナポレオン戦争において現代のアガメムノン（トロイア戦争のギリシャ軍総大将）役を果たしたと自負していたから、ルイ十八世の感謝を知らぬ傲慢《ごうまん》きわまりない態度に腹がたったし、タレーランまで早々と感謝の念を忘れてしまったことにはなお苛立った。

『メッテルニヒ』
トーマス・ローレンス画、1815年頃

手強い交渉相手たち

開催国代表として議長をつとめるオーストリア外相メッテルニヒもまた、タレーランに優るとも劣らぬ手《て》強《ごわ》い交渉相手だった。四年前、皇女マリー・ルイーズをナポレオンへの貢《みつ》ぎ物として差し出す算段をした彼が、平然とハプスブルク家を背負って、ロシアの勢力拡大を阻止せんと向かってきていた。若いアレクサンドルも、だが負けてはいない。密かにプロイセンのフリードリヒ・ヴィルヘルム三世と結託し、それぞれポーランドとザクセンを自領にすることで合意ができていた。そんなこんなの合い間に舞踏会でワルツを踊り、ウィーン料理に舌鼓《したつづみ》を打ち、ご婦人がたの人気をさらっていたのだから、祖母仕込みの厳しい肉体鍛錬《たんれん》付き帝王教育の成果、大といえよう。

イギリスの肖像画家ドウ描く軍服姿のアレクサンドル像は、彼の魅力の源が、際立《きわだ》ってスマートなその体型にあることを伝えている。かつてナポレオンが、パリの洒落者《しゃれもの》と言っても通る、と褒《ほ》めたのは必ずしもお世辞ばかりではなかった。少し髪は薄くなっているが、いかにも育ちの良いお坊ちゃま風の、やさしげな顔も好感をもたれた。百年前、ワイルドな言動でヨーロッパ中に旋風を巻き起こしたピョートル大帝と違い、アレクサンドルは新時代のロシア人、言語も態度物腰もすっかりフランス風のロシア人だった——中身は別として。

一九三一年にドイツで製作されたオペレッタ映画『会議は踊る』（エリック・シャレル監督）には、ウィーンの町娘とアレクサンドル一世の束《つか》の間《ま》の淡い恋が描かれている。彼ならばこんなことが起こっても不思議はない、そう思われたがゆえの夢物語だ。タレーランやメッテルニヒではこうはゆくまい。

アレクサンドルの失態

一八一五年二月末、激震が走る。エルバ島で大人しくしているはずのナポレオンが、兵を連れて脱出したのだ。

不死鳥のごときナポレオンを、フランスは三色旗を振り、歓呼の声で迎えた。元フランス人民の皇帝は、一発の銃弾も撃つことなく支持者を増やしつつ国を縦断《じゅうだん》、三月二十日には

『パリに帰還するナポレオン』シャルル・フォン・ステュイベン画、1818年

パリへ凱旋《がいせん》し、威風堂々とチュイリュリー宮へ入城した(亡命慣れしたルイ十八世はとっととイギリスへ逃げていた)。

このニュースは、ウィーン会議の面々の顔《がん》色《しょく》なからしめた。足の引っ張り合いをしている場合ではない。共通の敵はナポレオンだ。敵を打破するためにも、さっさと決めることを決めてしまわねば。SF映画なら宇宙人が攻めてくれば地球人は結束するが、ウィーンではそれでもなお全体会議が開かれなかったのに呆れる。とはいえ秘密会議やら特別委員会などで、どうにかこうにか六月には議定書を取りまとめることができた。

アレクサンドルもいささか妥協し、ポーランドを完全な領土にはできないまでも今後はロシア皇帝がポーランド王を兼ねる、との条件を呑《の》む。これには、ナポレオンの処遇に関して厳しく批難されたことが大きい。ウィーン会議に先立つパリでの戦後処理の際、アレクサンドルはナポレオンを敗走させた唯一の勝者としてリーダーシップを取ったが、厳罰主義者たちの意見を抑え、地中海のエルバ島を公国として与えるという寛大さをみせたのだ。それが裏目に出た。どこまでもナポレオンを甘く見ていたと言わざるを得ない。

『ウェリントン公爵』
トーマス・ローレンス画、1814-15年

アレクサンドルは監視責任のあるイギリスのウェリントンに、「なぜ島から逃がしたのですか」と詰《つ》め寄ったが、ウェリントンは逆に「なぜあんな場所に彼を置いたのですか」と反論した。そして大勢《たいせい》はウェリントン側だった。アレクサンドルの栄光はここに色褪《あ》せる。しかもこの後すぐ、ウェリントンは連合軍総

指揮官として、ベルギーのワーテルローで、十万のナポレオン軍と戦って勝利した。もはや敗戦の将を寛大に扱う者はなく、ナポレオンははるか遠い南大西洋の、生きて出られぬセント・ヘレナ島へ流刑された。

もしナポレオンがエルバ島を脱出して「百日天下」を取るという事件が起こらなければ、世界の歴史書はアレクサンドルを英雄視し続けたであろう。ところがいったんこうなったからには、ナポレオンを最初に打ち破ったのはアレクサンドルというより「ロシアの冬将軍」、最後に決定的に打ち負かした英雄は「ウェリントン」、とのイメージができあがる。ウィーン会議におけるロシアの存在感が薄れたばかりでなく、西洋史におけるアレクサンドル一世の名前もウェリントンの陰に隠れてしまった（もちろん圧倒的英雄伝説の主はナポレオンその人だが）。

ウィーン議定書へもどろう。

各国が少しずつ譲歩してできたこの議定書がいかなるものかといえば、要は正統主義と連帯を謳《うた》うもの。つまり前者はこれまでどおりの王政維持を、後者は革命阻止のため各国君主が助け合う約束を意味した。これ以降の世界を「ウィーン体制」ないし「メッテルニヒ体制」と呼ぶが、評価はまちまちだ。王政廃止を願う人々にとっては自由への弾圧以外の何ものでもなく、共和制国家成立を遅らせる諸悪の根源だが、他方、戦争はもう御免という人々にとっては、しばし平和と秩序を期待できる実にありがたい協定と感じられた。

またこの時、スイスが永世中立国として承認されている。ヨーロッパは自らの器の中に、誰もが避難できる場の必要性を痛感したということだ。連邦国家スイスの特異性はここが始発点だった。

狂気の屯田制度

帰国したアレクサンドルは、まだ三十九歳。だが正妃との間に男児はなく、これからも生まれる可能性は低かった。自分の子に王朝を継がせることはできない。それをどう思っていたのか、何も語っていないのでわからない。

彼がむきになって語るのは、神秘思想だった。若いころはそんなことに興味などなかったはずなのに、モスクワ炎上あたりから少しずつ傾き出し、ウィーンやパリでは、ワーテルローを予言したという女性占い師に一時は完全にのめり込んだ。父パーヴェルの再来であった。同時にまた祖国の文化的遅れを憂慮し、啓蒙主義と科学の時代を唱えもするのだ。本人の中で矛盾はなかった。まるで正気を残したままゆっくりどこかを狂わせてゆくような……。

ただもしかするとアレクサンドルにとって、ロシアの後進性はすでに手に余るものになっていたのかもしれない。ヨーロッパ同盟の仕事で国外へ出る時だけは生き生きしており、国内政治は信頼する軍人アラクチェーエフに丸投げした。このアラクチェーエフ支配が最悪だったため、アレクサンドルの治世後半は泥を塗られたといっていい。

なぜアラクチェーエフを信頼したのだろう？　自分と同じ整頓好きだったからか？　秩序を愛しすぎ、誰からも嫌われたアラクチェーエフは、プーシキンに言わせると「悪念と復讐欲の塊《かたまり》で、知性も感情も高潔さもない」「全ロシアの迫害者」だという。プーシキンばかりではない、アラクチェーエフの下で働いた者たちもまた彼を「ロシアの悪霊」「呪われた蛇」と陰で罵《ののし》っていた。事実、アラクチェーエフは直線しか引けない官僚と粗暴な軍人との恐るべき合体であり、この男の独裁のもと、秘密警察は強化され、検閲制度は厳しさを増し、神の摂理《せつり》を重視しないとして医学論文は焼かれ、大学の自治は奪われ、国民の生活の隅々まで監視された。なにやらソ連時代を先取りするような按配《あんばい》だ。

アラクチェーエフが強行した思いつきの中で、特筆されるのは「屯田制度《とんでん》」。これは人間心理を完全に無視した実験で、一見滑稽に思えるが、すぐさま背筋が冷たくなるという代物《しろもの》である。どういう制度かというと——いくつかの屯田地に兵士を住まわせる。同じ形の家と

『アラクチェーエフ』ジョージ・ドウ画、制作年不詳

真新しい軍服と食料が支給される。彼らに対する軍事訓練は農作業を兼ね、上官の命令で一斉に軍隊式歩行で畑まで行進し、全員同じ動きで鋤《すき》をふるわねばならない（しないと鞭《むち》打たれる）。家で休むときの椅子の座り方まで指示される。近隣の女性が妻として適当にあてがわれ、一定の頻度《ひんど》で子ども、とりわけ男児を産むよう「命令」される（できなければ罰金）。基本的には兵士であるから、何時《いつ》いかなる時も（寝る時までも）軍服を着用していなければならず、その軍服は清潔に保たれていなければならない……。

誰にこんな暮らしが耐えられよう？　毎日毎日、何年も何年も続くのだ。考えただけで発狂しそうではないか。とうぜん逃亡者も出たし絶望のあまり死ぬ者も出た。反乱も頻発した。それでもアラクチェーエフはこの制度の合理性を確信し、秩序だった生活は彼らのためになるものと思っていた。いや、アラクチェーエフのような異常者はいつの時代のどの国にもいる。彼などさておき、驚くべきは、アレクサンドルも同じ考えだったということだ。これほどにも馬鹿げた、非人間的制度を、推進するよう許可を与えたのはアレクサンドルだったのだ（けっきょく廃止されるのは次の次のツァーリの代）。

啓蒙思想を学び、国際政治の場で活躍し、ナポレオンと語り合い、フランス的物腰を我がものにし、ひょっとしたらウィーンの町娘と恋をささやいたかもしれぬ、その同じ人物が、屯田村でマリオネットのように二十四時間操《あやつ》られる人間を見て、何の違和感も覚えなかったのだろうか？

階級制を支持し、差別主義者のタレーランやメッテルニヒなら、刑罰としての屯田制を考慮できたかもしれないが、しかし絶対にそれを「良い政治」と信じることはなかったろう。ロシアの底知れぬ無気味さを感じずにおれない。

『1824年11月7日、ネヴァ川の氾濫』
フョードル・アレクセーエフ画、1824年

忽然と現われた老人

アレクサンドルが死ぬちょうど一年前の一八二四年十一月、またもネヴァ川が氾濫して多くの犠牲者が出た。彼は自分の誕生時との不思議な響き合いを覚え、「わたしが罪深いため、天罰が下《くだ》ったのだ」とつぶやいたという。

また父殺しを思い出したのか、それともそれ以上の数々をか？

隠棲《いんせい》したいとの希望は、もうだいぶ以前から誰かれに向かって公言していた。皆がそれを記憶していたがゆえに伝説が生まれたのだ。一八二五年十一月、アレクサンドルは妃を同伴してアゾフ海北東岸のタガンロークへ視察に行き、原因不明の高熱であっという間に逝去する。首都から二千キロも離れた僻地《へきち》だったので、遺体

がペテルブルクへ到着したときには傷《いた》みがひどく、そのため通常であれば国民に公開されるはずの、棺《ひつぎ》の蓋《ふた》は閉まったままだった。

人々はささやきあった、棺の中は空《から》なのではないか、まだ四十八歳で、あんなに健康体だったのに急死するのは妙だ、きっとどこかで名前を変えて別の人生を送っているのだ、そうしたいと常々言っていたのだから、と。

『クジミーチ』画家不詳、19世紀末

十年後、ペルミ地方にクジミーチと名のる背の高い立派な様子の老人があらわれた。だが旅券も持っていないし、自分がどこから来たかも記憶がないという。役人はこの男をシベリア送りにした。そのシベリアでクジミーチは、歴史や聖書をはじめとしたあらゆる面で驚くほど知識が深いことを知らしめた。またどんな相談事にも適切な忠告を与え、周囲の尊敬を集めてゆく。そのうち誰言うとなく、彼こそが世を忍ぶアレクサンドルの仮の姿とされた。ツァーリを知っていたという兵士が呼ばれ、間違いないと皆に請け合ったが、老人はあくまで出生の記憶はない、そっとしておいてほしいと言い張った。

やがてクジミーチの噂はロシア中をかけめぐり、ペテルブルクの宮廷にまで届いた。そのうち聖人と見做され、話を聞きにおおぜいの人が訪れるようにもなった。三十年後、高齢で世を去ったクジミーチは、その地の墓に手厚く葬られ、墓は巡礼地となった。さらに三十年後、日本訪問の帰りにここを訪れたのがニコライ皇太子、後のニコライ二世である。

アレクサンドルの国民人気は、死後がもっとも高かったといえよう。それまた彼らしい。

第9章
イリヤ・レーピン『ヴォルガの舟曳き』

（一八七〇〜七三年、油彩、ロシア美術館、一三一・五×二八一cm）

踏みにじられる人々

ロシア屈指の画家レーピン描く、最底辺の労働者たち。彼らひとりひとりの人生とともに、地の底から響く呻《うめ》きのごとき合唱『ヴォルガの舟歌』までが、画面から洩《も》れ聞こえてきそうだ。

現代の我々には、舟曳《ふなひ》きという労働の実態が掴《つか》みにくい。船を港に導いている、あるいは浅瀬に乗り上げた船を移動させていると、勘違いする人もいるだろう。そうではないのだ。動力のなかった時代、河川での船の運航は、下流へなら帆に風を受け、また無風でも流れに乗って進むことができたが、水に逆らって上流へのぼるには、馬や人間に曳かせるしかなかった。

船曳き人夫たちはそれぞれ皮製や布製の幅広ベルトを体に巻き、船を引っ張って何時間も何日間も岸辺や浅瀬を歩き続けた。なんと過酷な労働であったか。

遠くに蒸気船が見え、すでに帆船《はんせん》の時代は終わっていることが示される。なのにロシアの船主にとっては、人を使うほうが安上がりだった。農奴もいれば、借金で出稼ぎにきた農夫、逃亡奴隷など、貧民がいくらでもいた。いくらでも労働力を買い叩き、使い捨てができた。当時の諺《ことわざ》に曰く、「借金が払えなければヴォルガ川へ行くはめになる」「馬には頸木《くびき》、船曳きには綱」「墓穴が掘られるまで綱を引け」。

階級の末端に生まれたばかりに搾取《さくしゅ》され、踏みにじられる人生。出口の全く見えない八方塞《ふさ》がりの境遇……。

『ニコライ一世』フランツ・クリューガー画、1852年

続く恐怖政治

アレクサンドル一世逝去後、玉座についたのは十九歳年下の弟ニコライ一世だった。兄と同じ長身（百九十センチ）に整った容貌、兄と違うのは頭の先から爪先まで徹底した専制君主であり、恐怖による支配を目指した点だ。アレクサンドルの緩《ゆる》い政治が反乱者を野放しにしたと考えており、その爛々《らんらん》たる眼光

の鋭さは語り草となる。コレラが流行した地域の視察へ行ったとき、人々はコレラより皇帝のほうを怖れたと伝えられるほどだ。彼の治世は「もっとも暗い時代」と呼ばれる。

戴冠してすぐ貴族の反乱（「デカブリスト（＝十二月党員）の乱」）が起こったことも、ニコライをいっそう硬化させた。前帝時代のナポレオン戦争がらみでヨーロッパの先進性に触れた若い将校たちが、改めて祖国の遅れた現状、中でも実質的な奴隷制度たる農奴問題を真摯《しんし》に受け止め、専制打倒と共和制を唱えて立ち上がったのだ。

これはかつてアメリカ独立戦争を支援したフランス軍の青年たちが、自由と平等という新大陸の思想を祖国へ持ちかえり、やがて革命への大きなうねりになったのと似ていよう（『ブルボン王朝　12の物語』参照）。

デカブリストの乱を描いた画。制作年不詳

デカブリストの乱をひねり潰《つぶ》したニコライは自ら容疑者を尋問し、首謀者五人を処刑、連座した百二十人以上をシベリア送りにした。その後は知識人に対する抑圧、自由主義への弾

『思想犯の逮捕』ウラジーミル・マコフスキー画、1879年

圧をいっそう強化、大学からは自治を奪った。彼のサディスティックな一面として、しばしばドストエフスキーのエピソードがあげられる。

――二十七歳の新進気鋭の作家ドストエフスキーは、社会主義サークルに入会していたとの理由で逮捕され、死刑を言い渡された。厳寒の朝まだき（「寒いと感じたかどうか記憶がない」と、そのショックを後にドストエフスキーは語っている）、仲間たち二十人と牢から引き立てられ、司祭に懺悔《ざんげ》を求められ、銃殺隊の前で杭《くい》に縛られ死を覚悟したその時、早馬《はやうま》に乗った使者がツァーリの恩赦《おんしゃ》を告げた。減刑、シベリア送り。しかしこれは、不届き者らの神経を参らせるためニコライ一世が仕組んだ演出で、実際には最初から流刑と決まっていた（ドストエフスキーはシベリア生活五年で、持病の癲癇《てんかん》を悪化させている)。

若い政治犯や少しでも自由主義を標榜《ひょうぼう》した学生たちが次々に流刑され、シベリア開発に従事させられた。「骨の撒《ま》かれたシベリアへの道よ、血にはぐくまれ、死の呻《うめ》き声に彩《いろど》られた道よ」――ショスタコーヴィチのオペラ『ムツェンスク郡のマクベス夫人』で、老囚がそう歌う。作曲は二十世紀だが、舞台となったのはまさしくドストエフスキーが流刑となった時期、つまり「もっとも暗い時代」である。

しかしこれまで見てきたように、ロマノフ王朝史において、シベリアへの道を辿《たど》らされた人の列は途切れたことがない。それを殊更《ことさら》に暗いと感じるのは、むしろ「暗い」と声に出せたということではないか。

名もない犯罪者や逃亡農奴、時に政争に負けた貴族たちの場合には声を奪われていたけれど、今や多くの血気盛んな若者やインテリがシベリア送りになった。彼らは我が身に、そして仲間にそれが及んではじめて、他人事《ひとごと》でないと痛感した。若者は流刑地でも勇敢に声を上げたし、それ以上に仲間たちがモスクワでもペテルブルクでも唱和した。反政府パンフレットが密かに印刷され、それを読んで同調する者も多かった。

つまりようやく国民全体の識字率、ひいては知的レベルが嵩上《かさあ》げされてきたのだ。それとともにロシアは——政治と社会が暗かったにもかかわらず——まるで長い眠りからふいに目覚めたように、凍土を押し上げて芸術がいっせいに花開く。ロシア文学（ツルゲーネフ、ゴーゴリ、ドストエフスキー、トルストイ）、ロシア音楽（ムソルグスキー、ボロディン、チャイコフスキー）、ロシア絵画（クラムスコイ、スリコフ、レーピン）の満々と豊かな大河が、ちょうどこのあたりからヨーロッパへ逆流しだす。とりわけロシア文学が世界文学として認められるのは急速だった。

『アレクサンドル二世』画家不詳、1865年

ロシア、恐るに足らず

ニコライ一世は三十年間の治世後半、クリミア戦争をひき起こした。正教徒保護を口実としてトルコへ攻め入ったはいいが、イギリス・フランス・サルディニアがトルコに味方

した時点で負けは決する。

これは、マスコミの積極的加担が功を奏した最初の戦争といわれる。看護婦ナイチンゲールに同行したタイムズ紙の記者は、ロシアがトルコを手始めに全ヨーロッパの専制君主になろうとしている、と大々的なキャンペーンを張って（当たらずと言えども遠からず。ニコライは「ヨーロッパの憲兵」を自認していた）世論を味方にし、寄付金や志願兵を増やした。

ロシアにとっては手痛い敗戦である。なぜなら呆れるばかりの産業の遅れが、白日《はくじつ》の下《もと》に暴かれたからだ（『ヴォルガの舟曳き』は、クリミア戦争のさらに二十年後の現実だ！）。海軍には帆走艦《はんそうかん》しかなく、黒海での海戦では、蒸気や動力を備えた連合艦隊の敵ではなかった。ロシアはせっかくエカテリーナ二世が手に入れた黒海を失い、またアレクサンドル一世がナポレオン戦争で築いたヨーロッパへの影響力まで失った。

ロシア、恐るに足らず。ヨーロッパ各国の共和主義運動は、今後ロシアの介入を心配せず展開してゆく。

ニコライ一世は敗戦半年前の一八五五年、肺炎で病死していたので、戦後処理にあたったのは嫡男《ちゃくなん》アレクサンドル二世。彼は皇太子時代すでに歴代最初のシベリア視察を行なっており、後年は「解放皇帝」と呼ばれ、歓迎された。確かに彼は父帝のような強面《こわもて》ではなく

『1861 年２月 19 日の読書（農奴解放令を読む農奴たち）』
グリゴリー・ミャソエードフ画、1873 年

（感激屋で人前でもすぐ泣いたという）、穏便《おんびん》にロシアを改革したいと考えていた。クリミア戦争でつくづく思い知らされたのは、何よりまず産業を育成して工業国にならねばならない、そのためには農奴を解放せねばならないということだった。土地に縛りつけられている労働者を、今度は工場労働者にするのが狙いだ。

アレクサンドル二世はモスクワ貴族を集め、「農奴は下から解放されるより上から解放されるほうがいい」と演説し、解放委員会を作って検討させた。いかんせん委員会のメンバー全員が地主貴族なのだから、いささかも農奴に有利となるはずないのは火を見るより明らかであろう。

それでもともかくにも一八六一年、ロシア建国千年記念の前年、ようやくにして農奴解放令は発布《はっぷ》

された。

これにより農奴でなくなった人民は、二千二百五十万人。彼らは最初、この解放令を本物とは信じなかった。嬉しかったからではない。幻滅が大きすぎたからだ。

というのも、農奴解放が近いという噂が早くから流れており、これでやっと自由な農民として少しは楽な暮らしができると期待が大きかった。蓋《ふた》を開けてみれば、それまでの耕作地は地主に五分の二も削られ、所有するには高値で買い取る必要があるという。地主の家で働いていた家内農奴に至っては、何一つ手にできず家を追い出され、失業者になっただけだ。もしかして地主は、皇帝の命令どおりにしていないのではないか、人々がそう疑ったのも無理はない。

このひどい扱いが政府の指示どおりと知った時、アレクサンドル二世に対する憎しみは爆発する。発令からの三年間だけで二千件の農民一揆が起こり、軍に鎮圧《ちんあつ》されるたび、皇帝への憎しみはさらに深まった。農奴解放によってロシアの工業化は進みはじめるが、同時に皇帝暗殺の試みもくり返されるようになる。

『マリア・アレクサンドロヴナ』ヴィンターハルター画、1857年

恋する皇帝

アレクサンドル二世は――名前を継承した伯父アレクサンドル一世と似て――治世の終わりごろには自閉してゆく。広大すぎる国家を運営するには力不足だったのか、それとも暗殺未遂事件の連続にやる気を失ったのか。冷酷さ丸出しの父帝に否定的だった彼は、啓蒙君主の真似をしたがる保守主義者にすぎなかったのか。ロシアを変えようとしたのに、自らの改革の数々が専制君主制というシステムに合致しえないことに気づかなかったのか、はたまた気づいてしまったのか……。

『アレクサンドル二世の暗殺』画家、制作年不詳

一方で彼は、情緒的なその一面が命じるまま、恋多き男性としても生きた。愛妾を作るのではない。恋人を求めたのだ。

結婚も一目惚れから始まった。二十歳の皇太子時代、ドイツへ旅行していて、十四歳のドイツ大公の娘マリアに夢中になり、周囲の反対を押し切って結婚（ペテルブルク最大の劇場、有名なマリインスキー劇場は、彼女の名マリア・アレクサンドロヴナを冠したもの）。

ヴィンターハルターが描いた、結婚およそ二十年後の皇妃肖像を見てほしい。真珠を夥《おびただ》しい涙のように垂らした彼女は、少しも幸せそうではない。事実、八人も子を産みながら、夫に顧《かえり》みられず、宮廷でも居場所のない、不幸で病弱で影の薄い妃だった。アレクサンドルは結婚直後からすぐ他の貴族女性に心を移し、三人も子を産ませていた。さらに五十歳に手の届くころには、自分の娘より若い公爵令嬢カーチャに熱を上げ、四人も子を作ったばかりか、そちらへ新家庭を移したような有様となる（妃にとっては、愛妾がおおぜいいる方がはるかにましだったろう）。

血の上の教会

マリアが結婚を悔《く》やみつつ五十六歳で亡くなると、アレクサンドルはすぐさまカーチャと再婚した。だが彼女も幸せだったとは言いがたい。ピョートル大帝の時代とは違い、ヨーロッパ化した宮廷はもはや貴賤《きせん》結婚を認めず、アレクサンドルの死後、カーチャの子どもたちはロマノフ一族からはじき出されて、母子もろとも国を追われてしまうからだ。

そのアレクサンドル二世の死は、けっきょく暗殺である。何度も危ういところを逃れてきた皇帝だが、一八八一年、馬車に爆弾が投げ込まれ、遂に助からなかった。即死ではなかった彼は馬車から這い出て運河の欄干《らんかん》にもたれ、「寒い。宮殿へ運んでくれ。宮殿で死ぬ」と言ったという。そしてそうなった。

宮殿（現在のエルミタージュ美術館）から一キロ足らずの犯行現場にはいま、絢爛《けんらん》たる教会が建っている。「血の上の教会」だ。アレクサンドル二世の息子アレクサンドル三世が、即位して真っ先にしたことが、父帝の無念の記念として、この教会を建造することだった。

当時の国民には憎まれたが、アレクサンドル二世は司法制度や教育制度を改善し、女性にも学問の道を開いた。警察機構も改革した。産業の育成を続け、農業から工業への転換を図った。息子はこの路線を継承し、ロシアは近代化へ向かって驀進《ばくしん》し続ける。

第10章

山下りん『ハリストス　復活』

（一八九一年、油彩、エルミタージュ美術館、三一×二六・五cm）

Іис. Хрс.
復活
ハリストス

日本人女性によるイコン

聖書によれば、磔刑《たっけい》されたイエスは三日後に甦《よみがえ》った。この美しいイコン（聖画像）に描かれているのは、健《すこ》やかな肉体で復活したイエス・キリストと、かしずくふたりの天使の姿。聖なる存在の彼らだが、どことなく優しくまろやかで、女性的な雰囲気が醸《かも》しだされている。背景の明るい青には、超自然的な光の黄金色が映《は》え、独特の魅力を放つ。

画面上部、光を横切る文字を見てほしい。「ハリストス　復活」――左書きのカタカナと漢字！（ハリストスとは、キリストのロシア語読み）

明治時代の日本人、しかも女性の絵筆によるイコンなのだ。日本でもっとも有名なイコン画家、山下りんが、心をこめて丹念に描いた一八九一年の作品は、金蒔絵《きんまきえ》の額と一体でその価値をいっそう高めている。蒔絵には草花の紋様、とりわけ四隅に日本皇室の御紋たる菊があしらわれ、上部中央にはギリシャ十字が施《ほどこ》してある。ギリシャ正教の流れを汲《く》むロシア正教と、日本文化との、幸福な合体ともいえよう。

絵の裏には、このころ神田に建設されたばかりのニコライ堂（関東大震災で焼失する以前の建物）の絵、及びロマノフ王朝ニコライ皇太子（後のニコライ二世）に対する日本語とロシア語の献辞が記されている。ロシア正教会日本支部が、来日する皇太子へ献呈するためのイコンだったとわかる（これに先立ち、皇太子がニコライ堂に高額の寄付をおこなっており、そのお礼の意味も含まれていたらしい）。

それにしても、大国ロシアの皇太子用イコン制作をまかされるほどの画家、山下りんとは、いったいどういう女性だったのか？

『ハリストス　復活』（裏）、前出

りん二十三歳の転機

安政四年、茨城の貧しい下級武士の家に生まれたりんは、山間の農家へ嫁がされるのを厭《いと》い、十五歳で家出して上京した。維新の動乱が収束したばかりの明治五年のことだから、若い娘の身で驚くべき勇気だ。この時は連れ戻されたが、家族を説得し、翌年再び上京して浮世絵師の住み込み門下生となる。

才能があるだけに新しい絵画への模索

山下りん肖像（26歳の頃）

が続き、錦絵にはあきたらず師を幾人か替えた後、二十歳で工部美術学校へ入学。女性第一号の学生のひとりだった。ここでイタリア人お雇い教師フォンタネージから直接指導を受け、進むべき道を見つけたと思ったが、この時代の日本で西洋画家として自立するのは男でさえ容易ではない。たまたま同時期、友人の勧《すす》めでロシア正教会で洗礼を受け、イコン制作も並行して学ぶ。

二十三歳で大きな転機が訪れた。正教会の推薦により、ペテルブルクで五年間のイコン修業をさせてもらえることになったのだ。一八八〇年暮れ、勇躍、横浜から船出し、長い航海を経てペテルブルクへ到着したのは、翌一八八一年三月。着いて三日後、りんはホテルの部屋で爆発音を聞く。アレクサンドル二世の馬車に爆弾が投げつけられた瞬間だった（第9章参照）。りん一行はちょうど町からホテルへもどったばかりだったため、もう少し遅かったら巻き込まれていたかもしれないと、日本への手紙にその衝撃について書き送っている。

りんが留学できたのは、女性に学問や芸術への門戸を開いたアレクサンドル二世のおかげと言えるが、やがてその孫にあたるニコライ皇太子のためにイコンを描くようになるなど、想像すらしていなかっただろう。ペテルブルクの土を踏んだばかりの、若さと希望ではちきれそうなりんにとって、周囲の全てが新しかった。幸運にも、アレクサンドル二世治下の一八六三年から、エルミタージュ美術館が市民にも開放されていた（ルーヴル美術館が一七九三年に公立となったのに比べると、かなり遅いが）。りんはエルミタージュで本物の西洋名画の数々を目の当《ま》たりにし、圧倒され、興奮した。

数日のホテル住まいの後、ロシア正教会女子修道院へ移る。ここは教会堂の他に刺繍《ししゅう》工房、絨毯《じゅうたん》工房、イコン工房なども備え、修道女三百人、貧民の子女およそ百人、他にりんのような留学生や工女を合わせると、五百人ほどの大所帯だった。皆、祈禱《きとう》の時間以外は仕事に励み、刺繍やイコンを販売して修道院の維持運営にあてた。りんも即戦力として、次々に売り物のイコンを描かされる。

ロシアにおけるイコンと信仰

日本人にはイコンの意味合いがわかりにくい。

イコンの語源は、イメージ・表象（アイコンと同じ）。しかしギリシャ正教におけるイコンという聖画像は、ヨーロッパで発展した「聖書を理解するための宗教画」、ひいては「芸術作品としての宗教画」とは全く異なり、「崇拝の対象」で、時に奇蹟も起こすと信じられている。しかもオリジナルであれコピーであれ、印刷物であれ、そこに差はないとされる。同様に、イコン制作もまた個人の創造行為とは見做《みな》されない。イコンを描くことそれ自体が信仰の行為、目に見えない神性を目に見える形に変える行為なのだ。必然的に正教が認める原型に忠実にならざるを得ない。またイコン画家は画面にサインをしないので、十五世紀のルブリョフのような圧倒的才能をのぞき、名を知られることもほとんどない。現存するりんのイコンは全て無署名であり、また全て模写である。

模写で無記名——といっても、そこに個性が全く出ないかといえば、そういうわけではない。同じ衣装、同じ所作、同じ台詞《せりふ》回しで演じられる歌舞伎が良い例で、あれほど型に嵌《は》められながら、役者によって全く魅力が違うのは周知のごとくだ。本作『ハリストス　復活』も、オリジナルはクリューコフ作の石版画だが、りんは背景にあった建造物を省略して透明な明るさに輝かせ、人物像からも厳《いか》めしさをとりのぞいた。和風とも言える優美さが、りんの持ち味である。

そこに至るまでのペテルブルクでの修業は、だが独学といってよかった。修道院には、日本におけるフォンタネージのような師はおろか、自分より絵の上手《うま》い者はいないように思えた。りんは時間をやりくりしてエルミタージュへ出かけ、グイド・レーニの聖人像などさまざまな作品を懸命に模写して腕を磨く。そうなるとますます、教える側の修道女たちの拙劣《せつれつ》な絵に我慢できない。会話能力や表現の仕方など、りんにも問題はあったろう。彼女の態度は傲慢で信仰心が薄いと周囲から指弾《しだん》されはじめ、ついに十一月、エルミタージュ通《かよ》いが全面禁止となる。そればかりか、以後りんが模写を命じられたのは、古いギリシャ・イコンのみとなった。留学目的が、洋画家ではなくイコン画家の養成だとの言い訳のもと、一種の苛《いじ》めではなかったか。

実は当時、ロシアのイコン制作には二筋の対立する流れがあった。もともとギリシャ由来なので、はじめはビザンチン風の非リアルで平板な描法が長く続き、それが十七世紀になって、ピョートル大帝が多くのヨーロッパ絵画を購入して以来、遠近法や立体表現を駆使した近代的イコンへと変貌する。り

「古典的（ギリシャ画）イコン」の例　13～14世紀、ロシア

「写実的（イタリア画）イコン」の例　19世紀前半、ロシア

んが目指したのはもちろん後者である。ところが十九世紀後半の、ロシア的なるものへの回帰機運とともに、古典的イコン（ギリシャ画）のほうが写実的イコン（イタリア画）より精神性が高いとの声が大きくなってきた。修道院ではどちらのイコンも制作していたが、修道女たちはギリシャ画の優越性を信じ、りんが公然とそれを「ヲバケ繪（お化け絵）」と見下すのを許しがたく感じたようだ。

りんにとってギリシャ画の模写は拷問だった。見たい絵を見るのを禁じられ、描きたい絵を描かせてもらえず、嫌いな絵を強制される日々に、肉体的にも精神的にも追いつめられてゆく。留学といえば聞こえはいいが、けっきょくのところ軟禁状態で同じ絵を量産する苦役《くえき》を強いられているだけだ。五年の予定をわずか二年で切り上げ、りんは憔悴《しょうすい》しきって帰国した。

日本では一時教会を離れ、銅版画や雑誌の挿絵に手を染めたり、油絵なども描いている。ほんとうは洋画家になりたかったと思われるが経済的に許されず、まもなく正教会へ戻って再びイコンに取り組みはじめた。ただしもうお化け絵を強いられることはなく、好きな近代風イコンをオリジナルとは少しだけ変えて描くことができた。彼女の技術が群を抜いているのは誰の目にも明らかだったので、ニコライ皇太子への献呈品制作の依頼がくる。帰国して八年後であった。

ニコライが日記に記した大津事件

ニコライ皇太子は、りんの芸術的葛藤《かっとう》を知ることはなかった。しかし「葛藤」そのものは知っていた。祖父が殺されたことで、父帝アレクサンドル三世が冬宮ではなく要塞化した城に住み、暗殺を極度に恐れ、深酒に走るのを見てきたため、王朝を継ぎたくないと訴えた時期もあったのだ。

『アレクサンドル三世』
イヴァン・クラムスコイ画、1886年

そうはいっても基本的には坊ちゃん気質《かたぎ》で、日記に「パパ、ママ」と愛情込めて記したように、両親には良い子として従うのが常だった（独身時代も結婚後もマイホーム主義を貫く）。

『ニコライ皇太子』
イリヤ・レーピン画、1896年

ロシア空前の経済発展期に生まれ育った彼の鷹揚《おうよう》さのおかげで、日本はある意味、大津事件という国難を乗り越えたといえるかもしれない。

来日は二十二歳。日本だけが目的なのではなく、いわば大々的な（何しろ軍艦アゾフ号が乗り物だ）グランドツアーのようなもので、一八九〇年秋にペテルブルクを出航し、ギリシャ、エジプト、インド、セイロン、シンガポール、ジャカルタ、バンコク、サイゴン、香港、広東とまわり、長崎に入港したのは六ヶ月後の一八九一年四月末。私的訪問ではあっても、日本は国賓《こくひん》待遇で迎えた。長崎を出ると鹿児島、神戸、そこから汽車で京都、大津、そして東京をまわり、最終的にはウラジオストックでシベリア鉄道の起工式に出席する予定であった。

ニコライは十四歳から五十歳の死の四日前まで日記をつけていて、それは一万ページ、ノート五十一冊という膨大《ぼうだい》な量になっている。若いころは特に長めの文章が多いので、当然ながら大津事件についてかなり詳しく書き綴《つづ》っている。彼の目から見た事件はこうだ――。

中国の印象が悪かったので、どこも清潔な日本、親切で感じの良い日本人にはなおさら魅了された。大津では人力車を連ね、狭い京町通りを宿へ向かっていた。歓迎の群衆のそここに警備の巡査が立っていたが、そのひとりがいきなりサーベルを抜いて走り寄ってきた。

頭部に二ヶ所切りつけられたので、「何をするか！」と怒鳴ったがさらに襲ってきたため人力車から飛び降り、逃げた。大混乱となる中、すぐ後ろの人力車に乗っていた親戚のギリシャ王子が追いかけて、竹の杖で狼藉者《ろうぜきもの》を打ち据《す》えてくれた。続いて車夫も二人駆け寄り、男を取り押さえた。その後、近くの呉服屋の床几《しょうぎ》に座り、侍医の手当てを受け（幸い、軽傷ですむ）、煙草を吸った。

大津事件の様子を描いた新聞挿絵

「有栖川《ありすがわ》殿下その他日本人の呆然とした顔を見るのはつらかった。街頭の民衆は私を感動させた。申しわけないという印に跪《ひざまず》いて合掌《がっしょう》していたのだ」「何よりも私は、愛するパパとママを心配させないように、この事件についてどういう電文を書いたらいいか、思い悩んだ」「慈悲深い偉大なる神が助命してくれなかったなら、この日の終わりには生きていられなかったであろう。素晴らしい一日だった」（保田孝一・訳）

知られざる日ロ交流史

これが、琵琶湖沿岸の小さな町、大津を、世界史に刻みつけた——時間にして数分足らずの——事件である。今も京町通りの道幅の狭さは当時と変わらず、ここに群衆がひしめいていれば後方の随行員が事件に気づかなかったというのもうなずける。現場には、「露国皇太子遭難之地碑」と彫られた石碑がひっそりと立つ。

犯人の津田三蔵はいったいなぜこんなことをしたのか？ 殺す気はなかったとの供述は、ニコライの日記にある執拗《しつよう》な追跡ぶりからして信じがたい。実はロマノフ家皇太子来日を前に、新聞はロシアの危険性を書きたてていた。軍艦でやって来るというのも含め、これは侵略のための偵察ではないかと疑いを煽《あお》った。締結されて間もない不平等な樺太千島《からふとちしま》交換条約に対する不満もあるし、シベリア鉄道の開通が日本にとって脅威なのは間違いない。津田はそうした情報に影響されたらしい。来日して真っ先に天皇へ挨拶すべきをしない

京町通りに立つ
大津事件の石碑

のにも憤激したという。

この三十八歳の短絡的な巡査がしでかしたことに、日本中が震撼《しんかん》する。非は完全にこちら側にあり、ロシアからどんな難題を突きつけられるか、多額の賠償金をはじめ、どこかを割《かつ》譲《じょう》しろと要求されたり、軍艦から兵が上陸して占領されるやもしれぬ、と最悪の事態まで想像して震え上がった。

だが対応は迅速《じんそく》で、完璧だった。明治天皇はすぐさま親王たちを派遣するとともに、直々にアレクサンドル三世へ親電を送り、皇后もまた三世妃への親電で謝罪した。そして早くも事件翌々日には天皇自らニコライの滞在する京都のホテルへ見舞い、そこからさらに神戸まで同じ列車で見送った。六日後にはアゾフ号へ乗り込んで（これに関しては拉致《らち》を心配しての反対論もあった）、ニコライ送別の宴にも参加した。日本全国からは自発的に山のようなプレゼントが届けられた。

それまでの「おもてなし」（刺青《いれずみ》をしたり遊女と過ごしたりも含め、エキゾティックでエキサイティングな体験をしてきた）に加え、このフォローの素晴らしさで、ニコライの日本贔屓《びいき》は揺るがなかった。彼は日本に悪感情は持っていないことを強調し、事実、日記にもくり返しそれが記されている。ロシアの新聞は第一報で、ギリシャ王子が皇太子を救ったが日本側は傍観《ぼうかん》していた、と批難口調だったが、ニコライが内外へ日本擁護《ようご》したことと、父帝アレクサンドル三世も日露関係を悪化させる意志はなかったので、たちまち沈静化した（ロシアが極東への侵略路線に舵《かじ》を切るのはこの数年後だ）。

こうして国難「大津事件」は、無事収束した。ニコライ皇太子が離日を早め――何しろ「ママ」が大事な跡継ぎの身を心配し、早く帰れと矢の催促だった――軍艦が港を出て行った時、どんなにか日本は安堵《あんど》したことだろう。津田は死刑を免《まぬが》れ（政府の要求を司法が阻んだ、有名な事例となる）無期懲役を言い渡されるが、刑務所内でまもなく死んだ。彼をとりおさえたふたりの車夫には、ロシアから高額の終身年金が授与された。

山下りんへもどろう。

はじめ皇太子は上京する予定だったたから、イコン『ハリストス　復活』は神田ニコライ堂で贈呈されるはずだった。りんも同席し、皇太子に拝謁《はいえつ》し言葉を交《か》わせた可能性もある。そうなったらりんの人生にもまた別の展開があったかもしれないが、この事件のおかげで手渡しは叶わず、イコンはアゾフ号へ郵送された。「大量の贈り物がまた届き、どこに片付けていいか困るほど」という艦内で、ニコライはイコンをゆっくり見る暇もなかっただろう。ただ人伝えによれば、ニコライは後にりんのイコンをたいそう気に入り、居間に飾っていたという。革命の嵐にも本作は生き延び、現在はエルミタージュ美術館に所属されている。

りんはその後、日本各地のロシア正教会からイコンを依頼され描き続けた。神田のニコライ堂にも数多くの作品が飾られていたが、先述したようにここは関東大震災で崩落し、残念ながら彼女の絵も失われた。とはいえ函館や上武佐《かみむさ》などの教会で、今もりんの作品を見ることができる。

彼女とロマノフ王朝の関わり（というより、関わりの終わり）は、晩年にやってきた。王制が打倒され、革命政府によって宗教が麻薬と否定されるとともに教会への送金が途絶えたため、りんはアトリエを追われ経済的に困窮《こんきゅう》するようになった。同じことはふたりの車夫にも言える。ロマノフの終わりとともに年金も終わったからだ。

第11章
ボリス・クストーディエフ『皇帝ニコライ二世』

（一九一五年、ロシア美術館）

印象派風肖像

ヨーロッパ美術は何世紀もかけて、ルネサンス、バロック、ロココ、新古典主義、ロマン主義、写実主義、印象派と変化してきたが、ロシアの開花は相当に遅れた上に突然であったから、これら全てがいっきょに怒濤《どとう》のごとく押し寄せた。そして十九世紀後半、ロシア・アカデミーの主流を占めたのは写実主義だった。前章までのメイン絵画がそれを証明していよう。

ところがクストーディエフの、このニコライ二世像は異質だ。明らかに印象派の影響を受け、画面は平面的で、色彩はカラフル。ペテルブルクやモスクワのブルジョワ家庭にはすでにマチスやモネが飾られていた二十世紀初頭なので、主流派とは違って晴れやかで陽気なクストーディエフ作品も受け入れられた（もはや貴族や官僚の時代ではないと革命を求めるのも、彼らブルジョワジーである）。

ただし本作にはやはりなおロシアが息づいている。背景がクレムリンで、玉葱《たまねぎ》坊主のクーポルや、ロマノフ王朝の紋章「双頭の鷲」がはためいているからではない。真正面から捉えられたニコライの顔が、写真のようにそっくりな克明描写のため、全体にメルヘン風（というか、一種看板絵風）の画面に、何ともいえぬアイロニーが醸《かも》しだされている。

文学も音楽も絵画も政治を主題にするロシアだからして、クストーディエフも密かに反帝政の思いをこめたのか……。

ニコライ二世が陽気に見えないのはもっともで、これが描かれた当時の彼は実に不運なめぐり合わせの中、周囲は敵だらけ、それでも古い考えに固執し続け、いよいよ「ラスト・エンペラー」へと追いつめられてゆく過程にあった。

最初で最後の母への反抗

ニコライの父アレクサンドル三世は暗殺を怖れ、王宮ではなくガッチナ離宮で半ば隠遁生活を送った。アルコール摂取《せっしゅ》過多による腎臓病悪化で齢《よわい》五十を待たずして逝去するが、十三年間の治世は比較的平穏だった。有能な側近ウィッテの経済政策が奏功《そうこう》し、ロシアは工業国への転身を果たし、ロマノフ家は世界有数の大富豪となっていた。

長男ニコライは青年期まで幸せを満喫《まんきつ》する。父が――歴代ツァーリと全く違い――愛妾を持たず、夫婦仲はきわめて良く、家族を人一倍大切にしたのだ。お召《め》し列車での事故の際、落ちた天井を支え続けて妻と幼い子どもたちを守ったエピソードが残されている。またデンマーク王女だった母マリアも、ニコライ以下四男二女を育てあげ、家族の太陽だった。彼女

『戴冠式のマリア・ヒョードロヴナ』
イヴァン・クラムスコイ画、1882 年

の美貌は、同時代のエリザベート皇后（ハプスブルク家フランツ・ヨーゼフ妃）と比べられたほどで、国民の人気も高かった。ニコライは死ぬまでマザコンが抜けず、日記には母と会った日は細大もらさず記したし、自らの結婚式を母の誕生日に挙《あ》げたので、ほぼ毎年、「今日は愛するママの誕生日で、結婚記念日だ」と書いている。

そんな彼が母親に激しく逆らった最初で最後は、妃選びだった。少年時代から知っていたヘッセン大公の娘アリックスを妻にと、反対を押し切って婚約、ついに結ばれたニコライが、その生育歴とも相俟《あいま》ってマイホーム主義者となるのは必然であろう。だが時にそれは国事より家族を優先し、長すぎる休暇をひんぱんに取るという形であらわれ、国民感情ばかりか家臣の心理的離反をもたらす要因となる。

運命の結婚

母后《ぼこう》マリアが心配したのはそれだろうか？——それだけではない。

アリックスの父はドイツのヘッセン大公、母はヴィクトリア女王の次女。問題は、イギリスに繁栄をもたらしたこの長命女王が、血友病《けつゆう》という遺伝子を保有していたことだ。男子のみに発現《はつげん》する血友病は、血液凝《ぎょう》固《こ》因子欠損により出血がとまりにくくなる遺伝性疾患で、当時は治療法がなかった。ヴィクトリアの四男がこの病気に苦しんだし、長女の産んだふたりの孫の死因もそうだ。次女、即ちアリックスの母は、七人の子のうち次男（アリックスの兄）をそれで亡くしていた。アリックスにも因子が伝わっている確率は高く、ロマノフの後継者は重大な健康不安を抱えるかもしれない。ニコライの母はそう危惧《きぐ》したのだ（そしてそれは現実となる）。

だがニコライはあくまで恋愛結婚という形を望んだ。たとえアリックスに血友病因子があろうと、生まれる男児の全てが発病するとは限らない。そもそもそうした不幸が自分にふりかかるとは思えなかった。子ども時代の鉄道事故でも青年期の大津事件でも、奇跡的に無事だったではないか。

そのうちヴィクトリア女王から援軍もきた。彼女は可愛がっている孫娘の幸せを願い、「ふたりは似合いのカップル」と、この結婚を後押しした。こうして一八九四年、二十六歳のニコライと二十二歳のアリックス（アレクサンドラと改名）の、ロイヤル・カップルが誕生。かつてイワン雷帝が、ロシアの文明国入りの象徴として大国の王女を妃にほしがり、エリザベス女王に求婚したり、彼女の姪《めい》に打診して相手にされなかった、その見果てぬ夢が、三百年たってようやく半分（それとも四分の一？）くらいは叶ったといえる。

『ヴィクトリア女王と家族』フランツ・ヴィンターハルター画、1846年
左から次男アルフレート、長男バーティ、ヴィクトリア女王、夫アルバート公子、次女アリス、三女ヘレナ、長女ヴィッキー。アリスの娘がアレクサンドラ

父帝アレクサンドル三世は息子の結婚式を見ることはなかった。その三週間ほど前に急死したからで、ニコライは父の葬儀、自らの即位と挙式など、慌《あわ》ただしい日々を送る。戴冠式は遅れ、一年半後だった。そしてこの時、まるで不吉な未来の予兆のように、大惨事が起こる。

戴冠式記念の一環として、モスクワ郊外で貧民に施し物がなされた。数十万といわれる老若男女が集まり、一ヶ所に殺到したことから将棋倒しとなって、千三百人以上（公式発表）が圧死した。当日のニコライの日記には、もちろん取り上げられている。報告を受け、「おかげで今日はとてもいやな思い出が残った」。午後から現場へ向かったが、何ごともなかったかのごとく祭典は続行されていた。「午後八時にママのところで夕食をとり、フランス大使モントヴェロの舞踏会に出かけた。非常に美しい会であった」。真夜中の二時まで踊っている。

国民と宮廷との、民衆と政府との間を分かつ、深く真っ黒な溝が見てとれよう。これほどの惨事にもかかわらず、皇帝到着というので血まみれの遺体の山は速《すみ》やかに片付けられ、祭典も舞踏会も中止にならない。ニコライ自身それを当然とし、死者への同情より先に、不快な思いをさせられた腹立たしさのみを記す。彼は父帝と同じく(さらにはルイ十六世と同じく)、素朴な民衆は無条件に皇帝を敬愛し、両者は強い絆《きずな》で結ばれているのに、インテリや革命思想家がそれを断ち切ろうとしていると信じた。専制堅持《けんじ》は最後まで彼の揺るぎない信念だった。水面下の、いや、すでに水面を波立たせている大きなうねりに気づこうとしないわけだ。

パリ、セーヌ川に架かるアレクサンドル三世橋

日露戦争への道

パリのセーヌ河畔、アンヴァリッド近くに「アレクサンドル三世橋」という豪華なアーチ橋が架《か》かっている。なぜロマノフ皇帝の名が？

これはニコライ二世がパリ万博のため寄贈《きぞう》した橋で、自分ではなく亡父の名をつけたもの。一八九七年の起工式には皇后アレクサンドラを伴って出席し、金銀細工の鏝《こて》と金槌《かなづち》をふりあげて、パリっ子の大歓声を浴びた。ロシアとフランスの蜜月《みつげつ》を示す祝典であった。

『ウィッテ肖像』イリヤ・レーピン画、1903年

父の代からの大臣ウィッテは、貧富の差を拡大させつつも、引き続きロシアに工業発展をもたらし続けていた。外資の割合は年々増加し、中でもフランス資本はこのころ外資全体の五十%を超えるまでになっており、ロシアのフランスへの経済依存が大きくなればなるほど、フランスもまた自

国の利益のためロシアの継続的発展を望んだ。このことが後の英仏露三国協商へとつながり、独墺伊三国同盟との対立へ向かってゆく。

その前に、しかしまず別の目障りな新興国をひねり潰《つぶ》さねばならない——日本だ。

ニコライは大津事件のせいで日本人を憎み、それで日露戦争を決めた、との説がある。ウィッテの自伝にそう書いてあったためだが、前章で見たように、ニコライの日記を読む限りとうてい信じ難い。もちろん後世に残るのを承知の上での日記だから、何もかも正直に書くわけではない。それにしても開戦の理由を私的怨念《おんねん》に帰するのは極論に思える。ではなぜウィッテにはそう感じられたかといえば、彼は一貫して日露協調派であり、満州や朝鮮半島をめぐる両国の対立激化にあっても戦争には反対だった。ニコライが自分の説得に応じず好戦派にひきずられ、あまつさえこれほど成果をあげた自分を解任するという愚挙に出たのが理解できなかったのではないか。大津事件以来の悪感情、と考えたほうが納得しやすかったのであろう。

戦争やむなしにニコライが傾いていった要因の一つには、間違いなく国内情勢の再悪化がある。二十世紀の幕開けとともに、しばらく抑えられていた国民の不満があちこちで噴出しだした。国は潤《うるお》っても、その恩恵に与《あずか》れたのはわずかな人々にすぎず、工業化で増大した

『三笠艦橋之圖』東城鉦太郎画、1906年（画像は関東大震災で焼失後に描き直したもの）バルチック艦隊に立ち向かう艦船三笠船上の日本海軍。右から左へ：伝令・玉木信介候補生、伝令・三浦忠一水、参謀・秋山真之中佐、連合艦隊司令長官・東郷平八郎大将、測的係・長谷川清少尉候補生、参謀長・加藤友三郎少将、伝令・野口新蔵四水、砲術長・安保清種少佐、艦長・伊地知彦次郎大佐、砲術長付・今村信次郎中尉、航海長・布目満造中佐、参謀・飯田久恒少佐、航海士・枝原百合一少尉、伝令・山崎巖亀

労働者も、「解放」されたはずの農奴も、いっかな生活は楽にならないのだから当然だ。一九〇〇年には恐慌があり、外資の流入が減った。一九〇一年には大規模な工場ストライキ、文相狙撃事件、内相暗殺事件が続く。一九〇二年には、農民の領主襲撃事件や工場労働者のゼネストが多発。一九〇三年にはポグロム（ユダヤ人への集団的計画的虐殺）や革命派による労働運動が頻発《ひんぱつ》……。

こんな次第で、民衆の目を

日本海海戦を描いた錦絵

外へ向けるのは国内平定には有効、との意見が勢いを増し、ニコライもそれに引きずられたのだ。しかも好戦派は楽勝を疑っておらず、日本の実力を侮《あなど》る点においては、ニコライも同じだった。

一方ウィッテの失脚は、日本における親露派（伊藤博文など）に衝撃を与えるとともに、若い将校を中心とした開戦派を勢いづかせた。ロシアの干渉を排除して中国・朝鮮へ進出したい日本は、シベリア鉄道が完成して物資の輸送が容易になる前に戦うほうが有利とみて、一九〇四年、ロシアに宣戦布告する。当時のヨーロッパ諸国はこれを無分別な行為と見做し、大きな熊に扇子《せんす》で立ち向かう着物姿の侍、という諷刺画まであらわれた。ところが案に相違して日本は善戦し、翌一九〇五年には中国の旅順《りよじゆん》と奉天《ほうてん》で立て続けにロシア軍を打ち負かした。

ニコライの敗戦

　世界最大の軍事力をもつロシアは、なおまだ楽観していた。七ヶ月前にバルト海の軍港を発《た》ったバルチック艦隊が（これほど時間がかかった理由は、日英同盟を結んでいたイギリスがスエズ運河の通行を認めず、南アフリカ廻りになったため）、五月末、ようやく対馬《つしま》沖に到着し、ここで日本軍を完膚《かんぷ》なきまでに叩きつぶすはずだったからだ。四月のニコライの日記は、「士官たちと長時間話をした。大いに精神が高揚した」というもので、これは彼を笑えない。世界中が日本の大敗を予想していた。

イギリスの雑誌に掲載された、悩めるニコライ二世像

　結果は、「日露の戦争、大勝利」の歌のとおり。バルチック艦隊に対峙した東郷平《とうごうへい》八郎《はちろう》率いる連合艦隊は、攻撃に先立ち、「本日天気晴朗ナレドモ波高シ」という、あまりに有名な電文を本部へ打った。そして「日本海海戦」は始まり、瞬《またた》く間に終わる。バルチック艦隊はほぼ壊滅。近代海戦史上、類をみない一方的戦いであった。

この日本圧勝の報はよほど信じがたいものだったらしく、タイムズ紙をはじめとする欧米有力紙は、確認に手間どって発表を遅らせたほどだった。

ここにおいて両国は、アメリカの仲立ちで終戦、九月にはポーツマス条約が結ばれた。この時ロシア側の代表は、ニコライが罷免《ひめん》したウィッテだった。彼の粘り強い交渉により、ロシアは体面を保つ結果を得られた。功績を讃《たた》え、ニコライはウィッテに伯爵位を授与。お互い、複雑な心境であったろう。

「血の日曜日」事件

日露戦争の惨敗《ざんぱい》は、帝政打倒の声をいっそう大きくした。軍首脳が皇族だったことも、ニコライには痛手であった。

国民は終戦のずっと前から、この無意味な戦争に嫌気がさしていた。一九〇四年には新しい内相が暗殺され、一九〇五年二月にはニコライの叔父セルゲイ大公が暗殺された。その一ヶ月ほど前に起こったのが、「血の日曜日」事件。領主や官僚はもはや信用ならない、直接ツァーリに戦争中止を訴え、自分たちの苦衷《くちゅう》を知ってもらいたい、と集まった労働者とその家族が、たちまち十万もの群衆となり、司祭を先頭にイコンやニコライの肖像を掲げ、黙々と王宮へ向かって歩を進めていた。そんな静かなデモ行進に向かい、軍が発砲したのだ、子どもも老人も無差別に。死者は数百人にのぼり、ロマノフ王朝への信頼は地に堕《お》ちた。続いて六月に起きた前代未聞の海軍の反乱（「戦艦ポチョムキン事件」）も、この非道が遠因である。

「血の日曜日事件」での行進

ニコライは次々に出来《しゅったい》する事件にショックを受けながら、これまでどおりの強圧的厳罰主義を貫いた。どんなやり方であろうと、どれほど死人がでようと、表面上鎮静化すればそれでいい。このころ彼の心を一番に占めていたのは、実は戦争でも国民でもなかった。家族のこと、神経過敏な妻のこと、何より世継ぎの息子のことだった。

皇后アレクサンドラは、結婚後ほぼ二年おきに四子を出産したが、全て女児。待望の皇太子アレクセイが生まれたのは、一九〇四年八月、つまり日露戦争開戦の半年後だ。ニコライは記す、「この苦しい試練の年に神が与えてくれたこの喜びに対して、どのように神に感謝したらいいか言葉を知らない」。当時の王族としてはきわめて稀《まれ》なことに、アレクサンドラは子どもたちに自ら母乳を与えて大事に育てた。

ニコライ三十六歳にして授かったこの皇太子が、すくすく健康に成長していれば、専制君主としてももっと政治に身を入れられたかもしれない。しかしアレクセイは、ニコライの母マリアの心配したとおり、曽祖母ヴィクトリア女王の遺伝子を受け継いで、重い血友病を発症する。アレクサンドラの神経はささくれだち、優しい夫はいっそう妻子第一となり、そこへ――まるでロマン主義の小説みたいに――「怪僧」ラスプーチンが登場するのだった。

第12章

クロカーチェヴァ・エレーナ・ニカンドロヴナ『ラスプーチン』

（一九一四年、色鉛筆とパステル、エルミタージュ美術館、八一・五×五六㎝）

ウォンテッド

犯罪捜査においては、写真より似顔絵のほうが効果を発揮するという。無名のロシア人画家が描いたこのラスプーチンのスケッチも、お尋《たず》ね者用ビラになれば、数ある写真などよりずっと早く目撃者が名乗りでるのではなかろうか。

長さ、太さの強調された、まっすぐな重い鼻、険《けわ》しくひそめた眉、滝のようになだれ落ちる顎《あご》ヒゲ、右目と左目は別々のところへ焦点を当て、眼光の鋭さは只《ただ》ならず、見る者の不安を強烈にかきたてる。野卑《やひ》と神秘を二つながら備えた、異様な存在感。

そう思うのはしかし、ラスプーチンという名にまといつく数々の伝説ゆえかもしれない。ロマノフ王朝の掉尾《とうび》を飾るこの「怪僧」を生みだしたのは、ヨーロッパとは決定的に異なるロシアの風土であった。

神のごとき人間

グリゴリー・ラスプーチンは、シベリアの寒村出身の無教養な農夫で、字もほとんど書けなかったらしい。各地を放浪する苦行僧《くぎょうそう》となったのは三十歳ころ。もちろん正式な僧ではない。初期にはユロージヴィ（聖愚者の意。第1章参照）と見做されたようだが、次第に未来を予知し、おおぜいの病人を治し、霊能者として上流階級にまでもてはやされるようになる。独特の魅力の主だったことは——薄汚れた着衣、歯を磨いたことはなく、食事は手づかみにもかかわらず——女性たちを吸引し続けたことからも明らかだ。

どうやってペテルブルクの宮廷に入り込んだかはさまざまな説があり不明だが、僧となって十年ほどたつ一九〇五年末、ニコライ二世の日記に初めて登場する。曰《いわ》く、「神のごとき人間グリゴリーと知り合いになった」。以後、呆《あき》れたことに、ラスプーチンの名は日記に九十回以上も出てくる。一九〇五年といえば、日露戦争の惨敗と血の日曜日事件で皇帝は批判の矢面《やおもて》に立たされていたから、ラスプーチンの力を借りたい気持が芽生《めば》えたとしてもおかしくはない。

この「神のごとき人間」は、ニコライに目通りが叶う以前にもう、女官を通じてアレクサンドラ妃の信頼を得ていた。その信頼がやがて絶大且《か》つ不動のものとなるのは、皇太子アレクセイがらみである。血友病という、当時不治とされた宿命的病を負って生まれた皇太子は、血液を凝固させる遺伝因子欠損のため、皮下《ひか》出血や粘膜出血、血尿などに苦しみ、二十歳を迎えることはあるまいというのが、宮廷医師団の見立てだった。とりわけ激烈な発作が起こり、医者全員が匙《さじ》を投げたとき、ラスプーチンは祈禱《きとう》によって皇太子の命を救った。それは誰にとっても奇蹟と思われ、しかもその後も同様のことが幾度かくり返された。皇妃が医師団よりラスプーチンを頼るようになったのは、母として自然の成り行きであろう。

催眠術に長《た》け、プラシーボ（擬薬）効果に似た治療を施した、というのがいちおう定説になっている。だがはたしてそれだけで少年の命の危機を、こう何年にもわたって救えるものなのか。ラスプーチンの不思議な力は近代科学では説明しきれないため、どうしてもいかがわしい「怪僧」のイメージばかり強調されるが、ヒーリング能力に卓越していたのは紛《まぎ》れもない事実だろう。皇妃はそれにすがった。息子の命ばかりでなく、自分自身をも救ってくれる相手として。

内向的なアレクサンドラは、姑たる皇太后マリアと全くそりがあわず孤独をかこち、ようやくできた世継ぎの男児は病弱、それも自分が保因者ゆえの遺伝病とあって、精神的にかなり追い込まれ、長年、頭痛や心臓の痛み、神経症を訴えてきた。その症状を軽減してくれるのもまたラスプーチンだったから、彼がいないと不安でいたたまれないというまでになる。彼女の影響で次第にニコライも、ラスプーチンに政治的助言を求めだした。

得体の知れない乞食坊主が我がもの顔に宮廷をのし歩き、皇帝をパパ、皇妃をママと呼んで憚《はばか》らず、家族の一員のように休暇旅行へも同行し、人事にまで口を出すとなれば、快く思わぬ者が増えてゆくのが道理だ。一九一一年ころから、反ラスプーチン派の動きは活発化した。秘密警察によっても、彼の淫蕩《いんとう》、酒乱、収賄《しゅうわい》の事実が暴かれたが、皇帝夫妻は中傷として退《しりぞ》けた。かくするうち、下劣なパンフレットが町にあふれだす。怪僧がアレクサンドラ妃のベッドへもぐりこんでヒステリー治療をしている、効き目は抜群、なぜなら……と、ラスプーチンの巨根伝説が面白おかしく綴《つづ》られたのだ。

さらに悪いのは、当時政情不安を背景に大臣の首のすげ替えが頻繁《ひんぱん》だったので、それらが全て皇妃とラスプーチンのせいにされたこと。しまいには、ふたりが敵国と単独講和を画策しているとの偽《にせ》情報まで乱れ飛ぶ。フランス革命時、マリー・アントワネットが祖国オーストリアにフランスを売ろうとしている、と糾弾《きゅうだん》されたのと似た構図だ。異国から来た妃はスケープゴートにされやすい。憂慮した臣下らが忠告を重ねたが、

ラスプーチンと皇帝夫妻のカリカチュア。1916年頃

夫妻はラスプーチンを手放すのを断固として拒む。味方が減ってゆく中、彼らはいわば三位《さんみ》一体《いったい》となって結束していたのだ（後年ケレンスキーは、「ラスプーチンなくしてレーニンなし」と書いている）。

暗殺の夜

当然ラスプーチン暗殺計画が何度も浮上する。一度はそれに関係したとして、内相が更迭《こうてつ》されたことまである。また実際の暗殺者のひとりはニコライの従弟ドミトリー、つまり皇族であったし、もうひとりユスーポフ公爵はニコライの姪の夫だった。宮廷と外の対立どころか、宮廷内の分裂も修復不能であった。

その「時」は、怪僧伝説の総仕上げとなる。どこまでが真実やら定かでないものの、手を下した者たちの証言によれば、次のような信じ難い展開だったという——。

一九一六年十二月夜半、ユスーポフ公は妻の病を治してほしいと騙《だま》し、ラスプーチンを豪壮な自邸へ招いた。玄関ホールから螺旋《らせん》階段でつながる半地下の小部屋で、若い公爵はむさくるしい僧に青酸カリ入りの菓子をふるまった。階上にはドミトリーら仲間が待機している。

菓子に仕込んだ毒は、いっぺんに数人を絶命させるほどの量だというのに、ラスプーチンはびくともしないで食べ続けた。焦ったユスーポフは毒入り酒も飲ませたが、それでも平気でいる。時間ばかりが過ぎ、待ちくたびれた仲間たちが室内へ押し入って、ひとりが銃で撃った。弾は左胸に命中する。ラスプーチンは猛烈に吠えたてて床をころげまわり、暗殺者たちを震えあがらせた後ようやく静かになる。死後硬直が確認され、皆は階上へのぼって今夜のアリバイ作りを話しあう。ところがもう一度部屋へもどると、死体は消えていた。血痕《けっこん》をたどり、庭の雪の上を這《は》いずって逃げようとする黒い影を見つけた。再び銃が乱射され、動かなくなったラスプーチンの顔面をユスーポフは何度も棍棒《こんぼう》で殴った。今度という今度は完全に息の根を止めたと思い、袋詰めにしてネヴァ川へ投げ捨てた。

遺骸が上がったのは翌日。顔は血まみれで、身体に銃痕《じゅうこん》があり、胃からは毒物が検出された。驚くなかれ、袋の紐が中からほどかれ、肺には水がたまっていた。つまり川へ放られたとき、なおまだ彼は生きており、袋を開けて脱出しようとあがいたのだ！

またも宣戦布告

ラスプーチンは自分が殺される定めを受け入れ、次のように予言していたという、もし暗殺者が平民なら王家は存続するが、皇族なら王朝は終わる——。

単なる後づけの噂話にすぎないとしても、確かなのはラスプーチンの死後わずか二ヶ月半後が、ロマノフ家の終わりだったことだ。

少し時間をもどすと――。

日露戦争後、専制主義に抗するデモやストライキ、さらには要人に対するテロや社会主義運動もいっそう激化し、ニコライの意を受けた首相のストルイピンが厳罰主義で臨んだ。一九〇六年からの一年間だけで千人以上を処刑したため、絞首台は「ストルイピンのネクタイ」というおぞましい異名をとったほど（このストルイピンも数年後暗殺される）。

一九〇九年ころから、ニコライには明らかな変化があらわれる。異常なまでに長い休暇をとりだすのだ。この年は家族総出で、四ヶ月のクリミア滞在。翌一九一〇年には妃と三ヶ月近いドイツ旅行、一九一一年、一家で三ヶ月以上のクリミア休暇、一九一二年春、前年同様、一家で三ヶ月のクリミア休暇、さらに秋には自分だけペロペシで二ヶ月の狩猟三昧《ざんまい》、一九一三年夏からは、一家で四ヶ月のクリミア休暇。一九一四年にも二ヶ月以上、家族でクリミアで過ごした。この間、重臣は遠路出向いて政務の相談をせざるをえなかった。

国家より家族を優先させたい一心だったのか、妃の神経過敏や皇太子の病状をできるだけ隠したかったのか、それとも歴代ツァーリの多かれ少なかれがそうだったように、ニコライもまた、この恐竜のごとき大国が暴れだすのを目の当たりにして己の無力に意気阻喪《そそう》したのか……。いずれにせよ国家体制が揺らいでいる時期に、六年連続で政務を忌避《きひ》したこの態度が、臣下の目には（後世の目にも）、凡庸《ぼんよう》な君主にして徹頭徹尾の家庭人と映り、支える気持まで萎《な》えさせたのである。ニコライは狭い宮廷内ですら孤立し、ひいてはそれが、ラスプーチン暗殺犯を処罰したくともできない遠因となる。一九一三年には、ロマノフ王朝三百年記念祭を大々的に開催したが、離れていった臣下の信頼は取りもどせなかった。

一九一四年、例年よりは少し短いが、しかし贅沢放題の休暇（これが一家最後のクリミア滞在）からもどって一ヶ月後、ニコライは新たな意欲をかきたてられることとなる。オーストリアがセルビアに宣戦布告したのだ。きっかけは、ハプスブルク家の皇太子夫妻がサラエヴォで暗殺された事件（『ハプスブルク家　12の物語』参照）。セルビアを見捨てては、バルカン半島におけるロシアの影響力が薄れる。ニコライは総動員をかけ、ドイツがそれに異を唱えて最後通牒《つうちよう》をつきつけ、無視すると宣戦布告と相成《あいな》った。

裏切り、小心、そして欺瞞

ドイツとの交戦が決まった八月二日のニコライの日記は、惰眠《だみん》から目覚めたように意気軒《けん》昂《こう》だ。「精神の高まりという意味で、とくに素晴らしい日だった」「アレクサンドル広場に面しているバルコニーに出て、大群衆に向かって挨拶した」。ニコライはこれを機に真の専制君主像を示せると浮き立ち、政府は「戦争こそ国内の敵から逃れる唯一の道」と思い込み、軍部は日露戦争の汚名返上を目指し、国民も戦勝による景気回復を願った。革命派すら開戦を支持した。どさくさに紛れて世の中を転覆させるつもりだった。

皇帝夫妻は戦場へ向かう兵士たちに言葉をかけながらイコンを配り、久々に「愛される王室」の喜びを味わった。必勝ムード全開である。だが誰も彼らを笑えない。なぜならヨーロッパ中が楽観し、それぞれ自国の勝利とクリスマス前の終戦を信じていたのだから。

現実には年内に片付くどころか、露仏同盟でフランスが参戦し、ドイツが中立国ベルギーを侵略したことでイギリスが加わり……というように、戦場は野火《のび》のごとく拡大した。けっきょくドイツ、オーストリア、ハンガリー、トルコ、ブルガリアなどの同盟国 vs. イギリス、フランス、ロシア、イタリア、アメリカ、日本などの連合国に分かれ、未曽有《みぞう》の規模を有したまま四年半の長丁場《ながちょうば》となる。後年、「第一次世界大戦」と名づけられたこの国家総力戦は、ハプスブルク、ロマノフ、ホーエンツォレルン、オスマンという四王朝に幕を引いたことでも知られる。

ロシアは小さな戦勝と大きな戦敗のくり返しだった。開戦まもないタンネンベルクの戦いで七万の死傷者と九万の捕虜を出し、司令官は自殺。ポーランド戦線でも総崩れ。だが相変わらず人命は軽く、無能な軍部のやりようは、全国津々浦々から農民を引き出してひたすら戦線へ投入することだけだった。開戦時の百四十二万に加え、三百九十万が増員された。当然ながら数に見合う武器弾薬はおろか、軍靴《ぐんか》も食料も不足した。

一九一五年秋、ニコライは何を思ったか、自ら陣頭で指揮すると言い出してきかず、首相が政治的空白を生むことになるからと猛反対したにもかかわらず、首都を離れて前線近くの大本営に常駐した。予想どおり、そうしたからといって何ら好転を起こせるわけもない。やがて脱走兵の数は九十万に上り、辺境は完全な無法地帯と化す。厭戦《えんせん》気分はとうにロマノフ憎悪に変じ、そんな中、ラスプーチン暗殺、次いで革命勃発《ぼっぱつ》、労働者と農民、兵士代表によるソヴィエト（労・農・兵の評議会）の臨時執行委員会が成立した。一九一七年、三月だった（当時は旧暦だったので、歴史名称は「二月革命」）。

革命現場から遠いニコライは情勢認識が甘く、お召し列車で首都へ戻ろうとして、ストのため足止めという間の抜けた仕儀となる。三日後、列車に乗り込んできた臨時執行委員会の委員らが退位を要求した。ニコライにとってショックだったのは、大本営の誰ひとりとして

家族写真／左よりオリガ、マリヤ、ニコライ二世、アレクサンドラ、アナスターシャ、アレクセイ、タチヤーナ。1914年頃

自分を擁護《ようご》する者がいなかったこと。ここで初めて己がどう評価されていたかを知ったというべきか。日記で、「周囲は裏切りと小心、それに欺瞞《ぎまん》だけだ」と嘆く。

王権神授を信じ、ロマノフの輝かしい家系を誇りとし、常に相手から平伏《へいふく》されるのに慣れきった皇帝が、面と向かって退位を求められる恥辱たるや、いかほどのものか、現代人には想像を絶する。しかもニコライは彼らに、それまで隠していたアレクセイの血友病についても話さねばならなかった。いったんは皇太子への譲位も考えたが、結局父子とも退

ニコライ一家が幽閉されたイパーチェフ邸

位、新皇帝は自分の弟ミハイル公へ譲るとの詔書が作成された。ところが都の政情は風雲急を告げており、ミハイル公は、玉座に就いても警護する者はいないと言われ（いや、むしろ脅され）、辞退のやむなきに至る。ここにロマノフ王朝三百四年の歴史は完全に終《しゅう》焉《えん》を告げたのだった。

一家抹殺

ここからは社会主義国家ソ連が形成されてゆく激動の時代だが、平民となったはずのロマノフ一家も激しく翻弄《ほんろう》される。ブルボン王朝の例に見るまでもなく、王家は生き残りがいる限り、叩いても叩いてもしぶとく復活する、彼ら全てを抹殺《まっさつ》しない限り革命は成就《じょうじゅ》しない、というのがボルシェビキ（レーニンを指導者とする多数派左派）の考えであったろう。

暗殺される直前に撮影されたニコライと娘たち

一家は短期間首都に軟禁された後、シベリアの流刑地トボリスクに一年ほど抑留され、そこからエカテリンブルクに移送されて約二ヶ月後の一九一八年七月に処刑される。その数日前にはミハイル公夫妻が処刑されており、ロマノフ血縁者は全部で二十人以上殺されているから、ニコライの「愛するママ」が亡命できたのは幸運以外の何ものでもない。

ニコライと妻アレクサンドラ、両親に似て美しい四人の娘たち（二十二歳のオリガを筆頭に、タチヤーナ、マリヤ、アナスターシャ）、十三歳の息子アレクセイ。それに侍医や女官、従者を含めて十一人がエカテリンブルクの商人イパーチェフ邸に幽閉された。夫妻はおそらくこの時もなお、いずれ亡命を許されるだろう、最悪でもモスクワで裁判にかけられるはずで、その場合、子どもたちに害が及ぶことはないと信じていたようだ。ニコライは日記をつけ続けた。抑留《よくりゅう》されて一年たつ三月には、「今日は（中略）抑留一周年記念日だ。心ならずも過ぎ去った苦しい一年を思い出させる。これから先、私たち全員を待っているのは何であろうか。すべては神のご意志だ。私たちの希望はすべて神次第だ」。

　こう記した四ヶ月後が、「神の意志」だったのだろうか。一家は、また別の場所へ移動せよと命じられ、外出着に着替え、荷造りした。出発まで待つようにと、地下室へ入れられた。まもなく銃を持つ男たちがドアを開け、一斉射撃を浴びせた。下着に宝石を縫い込んであったため、弾が貫通しにくかったと言われる。まさに虐殺だ。身元がわからぬよう、顔に硫酸がかけられ、森に埋められた。

　ボルシェビキはこれを秘し、皇帝だけは処刑したが妻子は安全な場所にいると発表した。信じる者はほとんどいなかった。一家は皆殺しにされたという囁《ささや》きが、国内外にひろまった一九二〇年ころ、やはり出てきたのは、「実は生きていた」というロシアお得意の登場人物だ。さすがにニコライではなかった。妃でもない。ベルリンの精神病院で記憶喪失者として収容されていた若い女が、自分は十七歳で処刑を免《まぬが》れて脱走したアナスターシャだと言いだしたのだ。ずいぶん騒がれ（後に映画化もされる）、信じた者もいたが、当時デンマークにもどっていたニコライの母マリアは、勧められても決して「自称孫娘」に会おうとはし

ニコライ一家が殺害された部屋。銃痕が生々しく残る

なかった。アナスターシャがラテン語で「再生」という意味なのは、示唆《しさ》に富む。

それからまた歳月が流れた。一九九四年、ロマノフ王家の遺体発掘調査が終了し（ソヴィエト連邦が崩壊して新生ロシアとなったからこそできた調査だ）、一家全員の本人確認が公表された。DNA鑑定には、あの大津事件の際、ニコライが血を拭《ぬぐ》ったハンカチも用いられたという。遺体はサンクト・ペテルブルクに埋葬し直され、ロシア正教会は一家を聖人として祀《まつ》った。

第一次世界大戦を引き起こしたハプスブルク（実質上）最後の皇帝フランツ・ヨーゼフは、戦争半ばに執務室で仕事中、眠るように亡くなった。それに比べてロマノフ一家抹殺《まっさつ》のこのやり方は、新たな権力を手にした一握りの顔を隠した者たちだけで密かに徹底的に為《な》されたという点で、限りない恐怖を感じずにいられない。

不思議な偶然の一致が残されている。

ロマノフ王朝開祖となるミハイルがツァーリに選ばれた場所は、イパーチェフ修道院、最後の皇帝ニコライの殺害現場となったのは、同じイパーチェフという名の男の家であった。

あとがき

『ハプスブルク家　12の物語』、『ブルボン王朝　12の物語』に続き、名画で読み解く王家の物語第三弾は、ロシアのロマノフ家です。これら三名家ほど世界史に多大な影響を及ぼし続けたヨーロッパ王朝はありません。なにしろ大変な長命でした。オーストリア・ハプスブルク家六百五十年、スペイン・ハプスブルク家二百年、ブルボン家二百五十年、ロマノフ家三百年。

政治的・経済的・文化的なその縒《よ》り糸状の絡《から》み具合は、ある時はマリー・アントワネットを、ある時はナポレオンを結び目にしましたが、その際にロマノフ家が果たした大きな役割はあまり知られていません（ロシアをヨーロッパとカウントしない西洋史家もいますし）。

それぞれの王朝の終わりを見て思うに、つくづく人間は歴史に学ばない（学べない）のだなあということ。学んでいるつもりでも、いざ己れのこととなると、身近に迫る変化の気配すら感じなくなるのかもしれません（巨大恐竜が足元に目がゆかないように）。絶対君主制はおそらく滅びるべくして滅んだ。そんな中、どこよりもロマノフ王朝の終わり方が衝撃的なのは、連綿と続いてきた無気味な秘密主義に根ざしているからでしょう。水面下で密やかに物事が処理されるため、人々はもはや公式発表も通達も信用しなくなる。飽きもせず語られてきた、「実はまだ生きている」貴人伝説の源もここにあると思われます。

もう一つ。

ロマノフといえば、何といっても我が日本との少なからぬ因縁《いんねん》です。鎖国時代の日本人漂流者とピョートル大帝やエカテリーナ二世との接触などはまだしも、ラストエンペラーたるニコライ二世は、皇太子として来日中、警官から切りつけられ（大津事件）、即位後には日露戦争を引き起こしました。この戦争はアジア人が欧米と互角に戦えることを証明したばかりか、ロマノフ王朝の屋台骨《やたいぼね》を揺るがせたという意味で重要です。

ついでにいうなら、当時のインドや中国の例を見るにつれ、アジアの小国日本が乾坤一擲《けんこんいってき》の勝負に出て超大国を打ち負かしたのですから、実に大したものではありませんか。もし負けていたら国土は分割され、今の日本はなかった。大津事件における処理のみごとさ、及び日露戦争での勝利は、間違いなく明治期の日本の、そして日本人の、優秀さと強運を示すものです。

ハプスブルクやブルボンとはずいぶん趣の異なるロマノフ王朝興亡史を、知られざるロシアの名画とともに楽しんでいただけたら幸いです。

本作も安定した伴走でサポートしてくださった山川江美さん、そして引き継いでくださった樋口健さんに、心からの謝辞を。

中野京子

主要参考文献

「Die Anwerbung asulaendischer Fachkrafte fuer Wirtschaft Russlands von 15, bis ins 19. Jahrhunderts」（E. Amburger） Wiesbaden

「Peter der Grosse」（E, Donnert） Leipzig

"Peterhof ist ein Traum...". Deutsche Prinzessinnen in Russland [Gebundene Ausgabe] Olga Barkowez（Autor), Fjodor Fedorow（Autor), Alexander Krylow（Autor） Verlag: edition q im Quintessenz Verlag

『恐るべき女帝たち』（A・トロワイヤ） 新読書社

『大帝ピョートル』（同） 中公文庫

『アレクサンドル一世』（同） 同

『おろしや国酔夢譚』（井上靖） 文春文庫

『ピョートル大帝とその時代』（土肥恒之） 中公新書

『ヨーロッパ史における戦争』（M・ハワード） 中公文庫

『ロシア』（川端香男里） 講談社学術文庫

『わが放浪わが出会い』（B・A・ギリャロフスキー） 中公文庫

『湖の南』（富岡多恵子） 岩波文庫

『ロシア文学案内』（藤沼貴、他） 岩波文庫

『図説・物語ロシアの歴史』（アレクセーエフ）新読書社
『諺で読み解くロシアの人と社会』（栗原成郎）東洋書店
『ニコライⅡ世』（D・リーベン）日本経済新聞社
『ロマノフ家の最期』（A・サマーズ、T・マンゴールド）中公文庫
『帝国の興亡〈下〉』（D・リーベン）日本経済新聞出版社
『ロシア』（地図で読む世界の歴史）河出書房新社
『図説　帝政ロシア』（土肥恒之）河出書房新社
『写真でたどるロシアの文化と歴史』（K・B・ミューレル）あすなろ書房
『ポーランド』（J・A・ミッチェナー）文藝春秋
『図説　ロシアの歴史』（栗生沢猛夫）河出書房新社
『ニコライ二世の日記』（保田孝一）講談社学術文庫
『山下りん――明治を生きたイコン画家』（大下智一）北海道新聞社
『怪僧ラスプーチン』（M・グリッランディ）中公文庫
『最後のロシア大公女』（マーリヤ大公女）中公文庫
『日露戦争史1&2』（半藤一利）平凡社
『ロシアの革命』（松田道雄）河出文庫
『戦争と平和』（トルストイ）岩波文庫

１８６３	エルミタージュ美術館が市民に開放される。
１８６４	フラヴィツキー『皇女タラカーノヴァ』(第５章)。
１８７０	レーピン『ヴォルガの舟曳き』(～１８７３、第９章)。
１８７１	ゲー『ピョートルと息子』(第３章)。
１８８１	アレクサンドル二世、人民によって暗殺される。山下りん、ペテルブルクへ。アレクサンドル三世、即位。
１８８７	スリコフ『フョードシヤ・モロゾワ』(第１章)。
１８９１	ニコライ皇太子、来日。大津事件起こる。 山下りん『ハリストス　復活』(第10章)。
１９０４	日露戦争勃発。
１９０５	日本海海戦で日本が勝利。血の日曜日事件。
１９１４	ニカンドロヴナ『ラスプーチン』(第12章)。
１９１５	クストーディエフ『皇帝ニコライ二世』(第11章)。
１９１６	ラスプーチン、暗殺。フランツ・ヨーゼフの死去により、ハプスブルク王朝、事実上の崩壊。
１９１７	二月革命。ロマノフ王朝、終焉を迎える。
１９１８	ニコライ一家、処刑される。

チコート作戦」がプロイセンのフリードリヒ大王を追い詰める。

１７６０　カルル・ヴァン・ロー『エリザヴェータ女帝』（第４章）。

１７６２　エリザヴェータ二世、急死。ピョートル三世即位の半年後、妻エカテリーナによるクーデター発生。エカテリーナ２世（大帝）、即位。

１７６６　エリクセン『エカテリーナ二世肖像』（～１７６７、第６章）。

１７７７　ペテルブルクで記録的大洪水。巻き込まれ、タラカーノヴァ死去？

１７８９　フランス革命、勃発。

１７９１　大黒屋光太夫、エカテリーナ二世に謁見。

１７９６　エカテリーナ二世、死去。息子のパーヴェル一世、即位。

１８０１　パーヴェル一世暗殺。息子のアレクサンドル一世、即位。

１８０５　アウステルリッツの戦いで、ロシア軍、ナポレオン軍に惨敗を喫する。

１８０７　ティルジット和約。

１８１２　ナポレオン軍のロシア遠征。

１８１４　ナポレオンの追放によりフランス、王政復古。ヨーロッパ再編図を決めるウィーン会議、始まる。

１８１５　ナポレオン、エルバ島を脱走。ワーテルローの戦いに敗れ、セントヘレナ島へ再び流刑に。

１８２４　ドウ『アレクサンドル一世』（第８章）。

１８２５　ネヴァ川、大規模な氾濫。アレクサンドル一世、死去。ニコライ一世、即位。デカブリストの乱、発生。

１８２７　シャルル・フォン・ステュイベン『ピョートル大帝の少年時代の逸話』

１８３６　シャルレ『ロシアからの撤退』（第７章）。

１８４９　作家ドストエフスキー逮捕。銃殺刑となるが、直前に恩赦。シベリアに流刑される。

１８５３　クリミヤ戦争、勃発。

１８５５　ニコライ一世、死去。アレクサンドル二世、即位。

１８６１　農奴解放令、出される。

【年表（本書に関連した事項のみ）】

14世紀初頭	ロマノフ家の祖先であるドイツ貴族コブイラ家、ロシアに移住。
1547	ロマノフ家のアナスタシア、イワン雷帝と結婚。
1584	イワン雷帝、死去。息子のフョードル一世、即位。
1598	フョードル一世、死去。リューリク朝の終焉。ボリス・ゴドゥノフ即位するも、その後ツァーリ不在の大動乱時代へ。
1613	ミハイル・ロマノフ、即位。ロマノフ朝の始まりとなる。
1645	アレクセイ・ミハイロヴィチ・ロマノフ即位。
1671	コサックを率いて反乱を起こしたステンカ・ラージン、処刑される。
1672	フョードシヤ・モロゾワ、総主教ニコンの宗教改革により逮捕され餓死刑に処される。
1682	ピョートル一世（大帝）即位するも、兄イワン五世との共同統治に。姉ソフィアの摂政政治が行われる。
1689	ソフィア、失脚。
1696	イワン五世死去。ピョートル一世の単独統治始まる。
1698	ソフィア、女子修道院に幽閉される。
1700	北方戦争（対スウェーデン）始まる（～1721）。
1703	ピョートル一世によるサンクト・ペテルブルク都市建設の開始。
1718	ピョートル一世の長男アレクセイに死刑判決。
1725	ピョートル一世、死去。皇后がエカテリーナ一世として即位。
1727	エカテリーナ一世、死去。ピョートル二世、即位。
1730	ピョートル二世、死去。女帝アンナ、即位。
1740	イワン六世、生後２ヶ月で即位。
1741	エリザヴェータ、クーデターに成功。エリザヴェータ二世として即位。
1756	七年戦争。この頃、フランスのポンパドゥール夫人、オーストリアのマリア・テレジア、エリザヴェータ二世による「ペ

【本書で取り上げた画家（生年順）プロフィール】

カルル・ヴァン・ロー（1705 ～ 65）フランス、ロココ派を代表する画家。歴史画、宗教画も得意とした。『アンキセスを担ぐアイネイアス』『ユノ』

ウィギリウス・エリクセン（1722 ～ 82）デンマーク生まれ。ロマノフ王朝、デンマーク王朝の宮廷肖像画家。『エカテリーナ二世騎馬像』

ジョージ・ドウ（1781 ～ 1829）イギリスの肖像画家としてヨーロッパで広く知られ、アレクサンドル一世の依頼で、多数のロシア軍人の肖像を描いた。

シャルル・フォン・シュテュイベン（1788 ～ 1856）ドイツ生まれ。フランス、ロシアで活躍。歴史画を得意とした。『ラトガ湖畔のピョートル大帝』

ニコラ=トゥサン・シャルレ（1792 ～ 1845）フランスの画家。歴史画、戦争画で人気を得た。『ウォータールーの擲弾兵』『渓谷』

コンスタンチン・フラヴィツキー（1830 ～ 66）ロシアの画家。『皇女タラカーノヴァ』が最も著名で国内で人気を博し、切手にもなっている

ニコライ・ゲー（1831 ～ 94）19 世紀ロシアの前衛的なグループ、移動派の画家。歴史画、宗教画などを広く描いた。『トルストイ肖像』『真実とは何か？』

ワシーリー・スリコフ（1848 ～ 1916）壮大な歴史画で民衆の姿を描き、ロシアで最も偉大な画家のひとりとされる。『銃兵処刑の朝』『シベリア征服』

イリヤ・レーピン（1844 ～ 30）ロシア最大の画家。歴史画や風俗画、肖像画など数多くの作品を残す。『笑うコサック』

山下りん（1857 ～ 39）常陸国笠間藩出身。ロシアで学んだ日本人初のイコン画家。『救主ハリストス』『復活聖堂』

クロカーチェヴァ・エレーナ・ニカンドロヴナ（1871 ～ 1941）ロシアの画家。『ラスプーチン肖像』はエルミタージュ美術館に所蔵されている

ボリス・クストーディエフ（1878 ～ 1927）ロシアの画家、舞台美術家。風俗画や風景画で名高い。『モスクワのレストラン』『ボリシェビキ』

○画像提供
p.13 © Ruslan Kudrin/ Alamy
p.20 © Danita Delimont/ Alamy
p.34, 85, 154-155, 158, 159, 207, 219 © Heritage Image Partnership Ltd/ Alamy
p.36, 61 © RIA Novosti/ Alamy
p.63 © culliganphoto/ Alamy
p.73, 125, 203, 220 © Pictorial Press Ltd/ Alamy
p.79 © Lebrecht Music and Arts Photo Library/ Alamy
p.95 © GL Archive/ Alamy
p.120-121 © ACTIVE MUSEUM/ Alamy
p.128 © World History Archive/ Alamy
p.130, 131, 141 © The Art Archive/ Alamy
p.166, 200, 211, 222 © INTERFOTO/ Alamy
p.167 © Adrián Pérez
p.171, 173 Photograph © The State Hermitage Museum/ photo by Vladimir Terebenin, Leonard Kheifets, Yuri Molodkovets

○参考地図
『興亡の世界史　第14巻　ロシア・ロマノフ王朝の大地』（土肥恒之）講談社 p.22, 23

○巻頭系図・地図制作
デザイン・プレイス・デマンド

中野京子（なかのきょうこ）
作家・ドイツ文学者。北海道生まれ。早稲田大学講師。著書に、『名画で読み解く ハプスブルク家 12の物語』『名画で読み解く ブルボン王朝 12の物語』（ともに光文社新書）、『怖い絵』シリーズ（角川文庫）、『中野京子と読み解く 名画の謎』シリーズ（文藝春秋）、『名画と読む イエス・キリストの物語』（大和書房）、『橋をめぐる物語』（河出書房新社）、『残酷な王と悲しみの王妃』（集英社文庫）など、訳書にツヴァイク『マリー・アントワネット上・下』（角川文庫）などがある。著者ブログ http://blog.goo.ne.jp/hanatumi2006

名画《めいが》で読《よ》み解《と》く　ロマノフ家《け》 12の物語《ものがたり》

2014年7月20日初版1刷発行

著　者 ── 中野京子
発行者 ── 駒井　稔
装　幀 ── アラン・チャン
印刷所 ── 萩原印刷
製本所 ── ナショナル製本
発行所 ── 株式会社光文社
東京都文京区音羽1-16-6（〒112-8011）
http://www.kobunsha.com/
電　話 ── 編集部03（5395）8289　書籍販売部03（5395）8116
業務部03（5395）8125
メール ── sinsyo@kobunsha.com

　ISBN 978-4-334-03811-3

688
がんに不安を感じたら読む本
本荘そのこ
中村清吾 監修

がん治療は、患者ひとりひとりにあったオーダーメード医療といわれる時代に突入している。2人に1人は生涯にがんに罹患するいま、大切な心がまえとは何か。そのヒントを示す。

978-4-334-03791-8

689
プロ野球の名脇役
二宮清純

大記録の陰に名脇役あり。エースや4番の活躍だけが野球じゃない！　長年野球を見てきたジャーナリストが、脇役たちの物語に光を当て、プロ野球のもう一つの楽しみ方を伝授！

978-4-334-03792-5

690
違和感から始まる社会学
日常性のフィールドワークへの招待
好井裕明

日常の小さな亀裂から問題を発見し、読み解く力とセンスとは？　思いこみ、決めつけの知に囚われている自分自身を振り返り、日常を〝異なるもの〟として見直す。

978-4-334-03793-2

691
ホテルに騙されるな！
プロが教える絶対失敗しない選び方
瀧澤信秋

どうすれば安く、賢く泊まれるのか？　年間200泊を超えるホテル評論家が、一般利用者でもすぐに使える知識を徹底指南。あくまでも〝宿泊者目線〟を貫いた画期的な一冊。

978-4-334-03794-9

692
テキヤはどこからやってくるのか？
露店商いの近現代を辿る
厚　香苗

「陽のあたる場所から、ちょっと引っ込んでいるような社会的ポジション」を保ってきた日本の露店商。彼らはどのように生き、商売をしているのか――。その仕事と伝承を考察。

978-4-334-03795-6

693
10日もあれば世界一周
吉田友和

「世界一周航空券」の登場により、夢のような旅だった世界一周がどんどんお手軽になっていく。どの国を、どんな順番で回るか。仕事を辞めず、短い休みで実現する方法を教える。

978-4-334-03796-3

694
なぜ、あの人の話に耳を傾けてしまうのか？
「公的言語」トレーニング
東 照二

性格を変える必要はなく、ペラペラと話す必要もなく、「外向的」である必要もない。大事なのは「聞き手」中心の話し方。これから必要な「コミュニケーション能力」を考える。

978-4-334-03797-0

695
メディアの苦悩
28人の証言
長澤秀行編著

「マスゴミ」「オワコン」と言われる新聞・テレビと、炎上などの社会問題を引き起こすネットメディア。苦悩を続けるトップたちにこれからの「メディアの役割」をインタビュー。

978-4-334-03798-7

696
警視庁捜査一課長の「人を見抜く」極意
久保正行

第62代警視庁捜査第一課長は、41年間にわたる警察官生活の中で、どのようにして犯人のウソを見抜き、群衆の中から不審者を発見してきたか？　プロならではの視点が満載。

978-4-334-03799-4

697
文章ベタな人のための論文・レポートの授業
古郡廷治

文章で伝える力は、学生だけでなく多くの社会人にとって必要不可欠。その基本はすべて論文・レポートの作法にある。学生が書いた豊富な文例をもとに、一生モノの文章力を養う。

978-4-334-03800-7

698
知性を磨く
「スーパージェネラリスト」の時代
田坂広志

なぜ、高学歴の人物が、深い知性を感じさせないのか？　なぜ、博識が、知性とは関係ないのか？　目の前の現実を変革する「知の力」＝「知性」を磨くための田坂流知性論。

978-4-334-03801-4

699
若者は本当にお金がないのか？
統計データが語る意外な真実
久我尚子

「クルマ離れ」「高級ブランド品離れ」「海外旅行離れ」は本当か？　統計のプロフェッショナルによる画期的な現代若者論。統計の入門書、若者に関するデータ集としても最適な一冊。

978-4-334-03802-1

700
35歳のチェックリスト
齋藤孝

35歳の今を見つめ直すことで、50歳までの15年間を人生の収穫期にできる。仕事、結婚、お金、恋愛……今まで先延ばしにしてきた諸問題に、齋藤孝先生がスパッとアドバイス。

978-4-334-03803-8

701
現代アート経済学
宮津大輔

アートは経済や政治と密接に関係している――。20年間、現代アートのコレクターとして活動してきた著者が、豊富なデータや証言から「現在進行形・アートの見方」を示す。

978-4-334-03805-2

702
頭が良くなる文化人類学
「人・社会・自分」――人類最大の謎を探検する
斗鬼正一

人類最大の謎は、実は最も身近に存在する「人・社会・自分」だ。文化人類学的視点から、その裏にひそむ「仕掛け」を明らかにすれば、世界観が変わる、確実に頭が良くなる！

978-4-334-03806-9

703
クリエイティブ人事
個人を伸ばす、チームを活かす
曽山哲人
金井壽宏
社員の心を打つ数々のユニークな人事施策を打ち出し、会社の急成長を支えてきたサイバーエージェントの人事本部長と組織行動研究の第一人者による、人事本来の役割を問う一冊。
978-4-334-03807-6

704
ドキュメント
謎の海底サメ王国
NHKスペシャル深海プロジェクト取材班＋坂元志歩
発見数が世界で50例ほどの幻のサメ・メガマウスをどう撮影するか？　世界初のクジラ大実験の結果は？　話題となった「NHKスペシャル 謎の海底サメ王国」の公式ドキュメント。
978-4-334-03808-3

705
鉄道フリーきっぷ　達人の旅ワザ
所澤秀樹
一定期間・エリア内で乗り放題となる「フリーきっぷ」ならではの鉄道旅行の楽しみ方と使いこなし術を大公開。地下鉄一日乗車券を使った「メトロ双六in東京」などの実践記付き。
978-4-334-03809-0

706
素潜り世界一
人体の限界に挑む
篠宮龍三
記録を伸ばすほど死に近づく、究極の〝ハイリスク・ローリターン〟のマイナー競技。それでも潜る理由とは？　スタッフの死、生命の危機を乗り越えて夢を追い続ける男の奮闘記。
978-4-334-03810-6

707
名画で読み解く
ロマノフ家　12の物語
中野京子
ロシアの王室、ロマノフ家。幽閉、裏切り、謀略、暗殺、共産主義革命――愛と憎しみに翻弄された三〇〇年余の歴史を、全点カラーの絵画とともに読み解く。好評シリーズ第3弾。
978-4-334-03811-3